Debmitra Ghosh

Aplicação de Inteligência Artificial para Super Resolução de Imagens

Debmitra Ghosh

Aplicação de Inteligência Artificial para Super Resolução de Imagens

ScienciaScripts

Imprint

Any brand names and product names mentioned in this book are subject to trademark, brand or patent protection and are trademarks or registered trademarks of their respective holders. The use of brand names, product names, common names, trade names, product descriptions etc. even without a particular marking in this work is in no way to be construed to mean that such names may be regarded as unrestricted in respect of trademark and brand protection legislation and could thus be used by anyone.

Cover image: www.ingimage.com

This book is a translation from the original published under ISBN 978-620-6-78780-8.

Publisher:
Sciencia Scripts
is a trademark of
Dodo Books Indian Ocean Ltd. and OmniScriptum S.R.L publishing group

120 High Road, East Finchley, London, N2 9ED, United Kingdom
Str. Armeneasca 28/1, office 1, Chisinau MD-2012, Republic of Moldova, Europe
Printed at: see last page
ISBN: 978-620-7-68984-2

Conteúdo

Este livro oferece vários aspectos novos e contribuições no domínio do processamento de imagens. Segue-se um resumo dos pontos principais:

1. Geração de imagens de alta resolução: O livro centra-se no desafio de obter imagens de alta resolução a partir de uma ou várias imagens de baixa resolução. Este é um problema significativo no processamento de imagens e o livro explora várias técnicas e abordagens para o resolver.

2. Integração da interpolação de imagens e da super-resolução: Ao contrário de outros recursos que tratam a interpolação de imagens e a super-resolução como tópicos separados, este livro apresenta a interpolação como um componente fundamental do processo de reconstrução da super-resolução. Ao estabelecer uma ligação entre os dois, oferece uma compreensão mais abrangente do processo global de melhoramento da imagem.

3. Comparação de diferentes abordagens: O livro compara e contrasta as duas principais tendências na interpolação de imagens - métodos baseados em polinómios e abordagens baseadas em problemas inversos. Ao apresentar esta comparação, os leitores obtêm informações sobre os pontos fortes, os pontos fracos e a adequação de cada abordagem a diferentes cenários.

4. Registo e fusão de imagens: Dois capítulos dedicados do livro abrangem as etapas complementares do registo de imagens e da fusão de imagens. Estes passos são essenciais para obter imagens de alta resolução e são amplamente discutidos, proporcionando aos leitores conhecimentos aprofundados e técnicas práticas.

5. Duas direcções para a super-resolução de imagens: O livro apresenta duas direcções distintas para a super-resolução de imagens - a super-resolução com informação a priori e a super-resolução cega. Cada abordagem aborda o problema de um ângulo diferente e fornece aos leitores uma compreensão abrangente das

possibilidades e limitações de ambos os métodos.

6. Aplicações no processamento de imagens médicas e de satélite: O livro apresenta as aplicações práticas da interpolação e super-resolução de imagens nos domínios do processamento de imagens médicas e de satélite. Ao destacar

Nestas áreas específicas, os leitores adquirem conhecimentos sobre a forma como as técnicas discutidas podem ser aplicadas a cenários do mundo real e compreendem o potencial impacto dos métodos apresentados.

Em resumo, este livro oferece uma perspetiva única ao integrar a interpolação e a super-resolução de imagens, comparando diferentes abordagens, abordando o registo e a fusão de imagens, apresentando múltiplas direcções para a super-resolução e demonstrando aplicações no processamento de imagens médicas e de satélite. Estes aspectos distinguem-no dos recursos existentes no domínio do processamento de imagens.

Agradecimentos

Gostaria de agradecer ao Dr. Bhabesh Bhattacharjee, Vice-Chanceler da JIS University, ao Dr. Dharmpal Singh, HOD do Departamento de CSE, e à Escola de Engenharia por me terem dado a oportunidade de publicar este livro. Gostaria também de agradecer à minha família, Sr. Asit Baran Ghosh, Sra. Ajanta Ghosh, Daibik Ghosh Basak e Dakshika Ghosh Basak, pelas suas contribuições durante a preparação deste livro.

Debmitra Ghosh trabalha atualmente como Professora Assistente no Departamento de Informática da Universidade JIS. Foi engenheira de automatização de testes e analista de testes com mais de 8 anos de experiência na prática de BAT (Business Analysis and Testing). Tem experiência em testes de desempenho, testes de automatização, testes de migração de dados, testes de API e testes funcionais de ponta a ponta. Trabalhou em ambientes de desenvolvimento tradicionais (Waterfall, V- Model) e ágeis (Scrum). Desempenhou várias funções como líder de testes, responsável pela gestão de testes (QA), coordenadora de testes onsite/offshore, responsável pela gestão de negócios e pela gestão de testes.

Analista. Trabalhou em diferentes domínios e serviu clientes nos sectores financeiro/contabilístico, retalho, seguros e auditoria. Tem experiência na análise de requisitos comerciais, análise de lacunas no processo As-Is e elaboração de directrizes To-Be, definição e implementação de estratégia e metodologia de testes funcionais em aplicações e tecnologia num ambiente integrado e global, implementação de políticas de testes e produção e utilização de métricas no domínio dos testes para monitorizar e melhorar o desempenho da equipa e a qualidade das aplicações comerciais entregues. Geriu o planeamento, a preparação e a execução de testes em vários projectos com equipas de 5 a 10 pessoas. Tem experiência na produção regular de relatórios de estado, verbais e escritos, sobre o progresso das actividades de teste para os gestores de projeto. A sua investigação atual centra-se na análise de imagens médicas utilizando uma abordagem baseada em aprendizagem profunda.

Capítulo 1

Introdução

O sensor e afecta o seu desempenho. Por conseguinte, aumentar o tamanho do chip não é uma solução viável para alcançar níveis de resolução mais elevados. Para ultrapassar estas limitações, foram desenvolvidas várias técnicas de processamento de imagem para melhorar a resolução de imagens de baixa resolução. Estas técnicas são coletivamente conhecidas como métodos de super-resolução (SR) de imagens. O objetivo da SR é reconstruir uma imagem de alta resolução a partir de uma ou mais imagens de entrada de baixa resolução. Existem diferentes abordagens à super-resolução de imagens, incluindo a super-resolução de uma imagem e a super-resolução de várias imagens. Os métodos de super-resolução de imagem única têm como objetivo aumentar a resolução de uma única imagem de baixa resolução, explorando a informação inerente à própria imagem. Estes métodos utilizam técnicas como a interpolação, o melhoramento dos bordos e a modelação estatística para estimar os pormenores de alta frequência em falta. Os métodos de super-resolução multi-imagem, por outro lado, utilizam várias imagens de baixa resolução da mesma cena para extrair informações adicionais e melhorar a resolução. Estes métodos tiram partido do facto de diferentes imagens de baixa resolução poderem captar diferentes detalhes ou perspectivas da cena. Ao alinhar e combinar várias imagens de baixa resolução, é possível melhorar a resolução e gerar um resultado de alta resolução. Algumas técnicas comuns utilizadas na super-resolução incluem a interpolação bicúbica, a interpolação de Lanczos, os métodos baseados em wavelets e as abordagens baseadas na aprendizagem profunda. Os métodos de aprendizagem profunda, nomeadamente as redes neuronais convolucionais (CNN), têm demonstrado um desempenho notável em tarefas de super-resolução de imagens, aprendendo o mapeamento entre manchas de imagem de baixa resolução e de alta resolução. É importante notar que, embora as técnicas de super-resolução possam melhorar a resolução percepcionada de uma imagem, não podem criar novas informações que não estavam presentes na imagem original de baixa resolução. Os resultados dos métodos de super-resolução dependem da qualidade e das características das imagens de entrada, bem como do algoritmo específico utilizado. Em resumo, devido às limitações dos actuais dispositivos de aquisição de imagens em termos de resolução e custo, os métodos de super-resolução de imagens surgiram como uma solução viável para melhorar a resolução de imagens de baixa resolução. Estes métodos utilizam várias técnicas para reconstruir detalhes de alta resolução e têm encontrado aplicações numa vasta gama de domínios, incluindo a imagiologia médica, a imagiologia por satélite e a televisão de alta definição. A integração das capacidades de hardware e software é, de facto, uma abordagem promissora para alcançar os níveis desejados de alta resolução (HR). Ao utilizar o nível máximo de HR disponível no hardware, uma parte da tarefa é realizada. A tarefa restante pode ser efectuada utilizando algoritmos de processamento de imagem baseados em software. Esta abordagem reflecte a tendência atual dos dispositivos modernos de captação de imagens. A interpolação de imagens é uma técnica utilizada no processamento de imagens para obter uma imagem HR a partir de uma única imagem de baixa resolução (LR). Envolve a estimativa dos pormenores de alta frequência em falta e o aumento da resolução com base na informação disponível. Os métodos de interpolação podem basear-se em vários princípios, como a interpolação do vizinho mais próximo, a interpolação bilinear, a interpolação bicúbica ou algoritmos mais avançados como a interpolação Lanczos. Estas técnicas utilizam algoritmos matemáticos para preencher as lacunas e melhorar a resolução percepcionada da imagem. Por outro lado, a super-resolução de imagens refere-se ao processo de geração de uma imagem HR a partir de múltiplas observações degradadas da mesma cena. Esta técnica tira partido do facto de diferentes imagens LR poderem captar diferentes detalhes ou perspectivas. Ao alinhar e combinar estas imagens, torna-se possível extrair informações adicionais e melhorar a resolução global. É de salientar que os métodos de super-resolução de imagem podem obter melhores resultados em comparação com as técnicas de interpolação de imagem única. Os algoritmos de super-resolução podem utilizar a informação complementar presente em múltiplas imagens de LR para melhorar a resolução e gerar uma representação mais exacta da cena de HR. Estes métodos envolvem frequentemente modelos computacionais complexos, incluindo análise estatística, algoritmos de otimização ou técnicas de aprendizagem automática, como as redes neurais profundas. Em conclusão, a integração de capacidades de hardware com algoritmos de processamento de imagem baseados em software é uma abordagem prática para atingir níveis de alta resolução. As técnicas de interpolação de imagens e de super-resolução são ferramentas importantes neste contexto, permitindo melhorar a resolução e a extração de detalhes finos das imagens de RL. A combinação dos avanços em hardware e software continua a impulsionar o desenvolvimento de soluções mais eficazes para a obtenção de imagens de alta resolução em várias aplicações.

1.1 Interpolação de imagens

As imagens interpoladas podem então ser utilizadas para tarefas de reconhecimento de padrões. Esta aplicação da interpolação polinomial de imagens no reconhecimento de padrões. De um modo geral, as técnicas de interpolação polinomial de imagens consistem em estimar os pixéis em falta numa imagem LR através da inserção de pixéis interpolados utilizando expansões polinomiais. A interpolação spline é um algoritmo popular utilizado na interpolação polinomial de imagens. No entanto, os algoritmos de interpolação polinomial tradicionais não têm em conta o modelo de degradação específico da imagem LR, o que limita o seu desempenho. Foram propostas variantes adaptativas da interpolação polinomial de imagens para melhorar os resultados da interpolação. Alguns métodos adaptativos centram-se na adaptação da distância sem considerar o modelo de degradação da imagem LR, enquanto outros consideram o modelo de degradação para obter um melhor desempenho de interpolação. A interpolação de imagens a cores é uma aplicação específica que aborda a interpolação de componentes de cor em falta num processo de imagem digital. Uma vez que nem todos os componentes de cor podem estar disponíveis na imagem adquirida, a interpolação é necessária para estimar os componentes em falta com base nos componentes existentes dos pixéis vizinhos. Para além das suas aplicações no melhoramento de imagens, a interpolação polinomial de imagens também encontrou utilidade no reconhecimento de padrões. Ao reduzir as dimensões das imagens da base de dados através da decimação, a interpolação polinomial de imagens pode ser utilizada para restaurar as imagens às suas dimensões originais durante o passo de reconhecimento. As imagens interpoladas podem então ser utilizadas para fins de extração de características e reconhecimento de padrões. É provável que estes capítulos apresentem discussões pormenorizadas, metodologias e algoritmos relacionados com a interpolação polinomial de imagens, variantes adaptativas, interpolação de imagens a cores e as suas aplicações em vários domínios. O desempenho limitado das técnicas tradicionais de interpolação polinomial de imagens levou ao desenvolvimento de uma nova tendência na interpolação de imagens, nomeadamente tratando-a como um problema inverso. Esta abordagem tem em conta o modelo de degradação da imagem de baixa resolução (LR) durante o processo de interpolação, conduzindo a melhores resultados. A interpolação de imagens como um problema inverso envolve a formulação da tarefa de interpolação como um problema matemático inverso. O objetivo é estimar os pixels de alta resolução (HR) em falta, considerando o modelo de degradação da imagem LR e utilizando vários algoritmos e técnicas. Esta abordagem reconhece que a imagem LR é obtida através de um processo de degradação específico e, ao compreender e modelar este processo, podem ser obtidos resultados de interpolação mais exactos e robustos. É provável que abranja as quatro soluções seguintes que foram desenvolvidas no âmbito deste quadro:

1 Filtragem inversa regularizada: Esta abordagem envolve a formulação do problema de interpolação de imagens como uma tarefa de filtragem. Aplicando um termo de regularização para controlar a amplificação do ruído e incorporando o modelo de degradação como uma restrição, os pixéis HR em falta podem ser estimados de forma mais eficaz.

2 Estimativa Maximum A Posteriori (MAP): A estimativa MAP utiliza a inferência Bayesiana para estimar os pixéis HR. Ao considerar o conhecimento prévio sobre a imagem e o processo de degradação, bem como ao incorporar modelos estatísticos, a estimativa MAP pode fornecer resultados de interpolação mais exactos.

3 Métodos baseados na representação esparsa: Estes métodos exploram a natureza esparsa das imagens naturais e representam a imagem de HR como uma combinação linear de um dicionário de manchas de HR. Ao resolver um problema de otimização que incentiva a esparsidade, os pixels de HR em falta podem ser reconstruídos com precisão.

4 Redes Neuronais Convolucionais (CNNs): As técnicas de aprendizagem profunda, em particular as CNN, têm registado avanços significativos na interpolação de imagens. Ao treinar uma CNN num grande conjunto de dados de pares de imagens LR-HR, a rede pode aprender mapeamentos complexos entre imagens LR e HR, resultando em imagens interpoladas de alta qualidade.

5 Estas quatro soluções demonstram o sucesso alcançado ao considerar a interpolação de imagens como um problema inverso. Ao incorporar o modelo de degradação de imagem LR e ao aplicar algoritmos avançados, os resultados da interpolação podem ser significativamente melhorados em comparação com os métodos tradicionais de interpolação polinomial.

Em conclusão, o capítulo apresenta provavelmente várias soluções, incluindo filtragem inversa regularizada, estimativa MAP, métodos baseados em representação esparsa e CNNs. Estas abordagens têm demonstrado grande sucesso na melhoria da qualidade da interpolação e constituem um avanço importante no domínio da interpolação de imagens.

1.2 Super-resolução de imagem

A super-resolução de imagens é o processo pelo qual uma única imagem HR é obtida a partir de múltiplas imagens LR degradadas. A super-resolução de imagens pode ser efectuada com ou sem informação a priori. O problema da reconstrução de imagens em super-resolução pode ser resolvido em etapas sucessivas: registo de imagens, restauro de imagens multicanal, fusão de imagens e, finalmente, interpolação de imagens, como se mostra na Figura 1.1. O registo de imagens tem por objetivo sobrepor as imagens degradadas em LR antes do processo de reconstrução em super-resolução. Este passo é muito importante, pois é responsável pela integração correcta da informação nas múltiplas observações. O capítulo 8 é dedicado às metodologias de registo de imagens. A fusão de imagens é o processo de integração da informação de múltiplas imagens numa única imagem. Pode ser utilizada como um passo no processo de reconstrução em super-resolução. Podem ser utilizados para a fusão de imagens diferentes algoritmos baseados em transformadas, como as transformadas wavelet e curvelet, e a fusão de imagens pode ser utilizada para obter diretamente imagens HR, como é o caso da fusão de imagens de satélite. A fusão de imagens também pode ser utilizada com imagens de diferentes modalidades. A super-resolução de imagens pode ser efectuada utilizando alguma informação a priori sobre as degradações nas imagens LR disponíveis, como a informação sobre o anel de desfocagem, os desvios de registo e o ruído. Com esta informação disponível, a solução para o problema da reconstrução da super-resolução pode ser efectuada facilmente. Se não houver informação disponível, o problema é mais difícil e é conhecido como super-resolução de imagem cega.

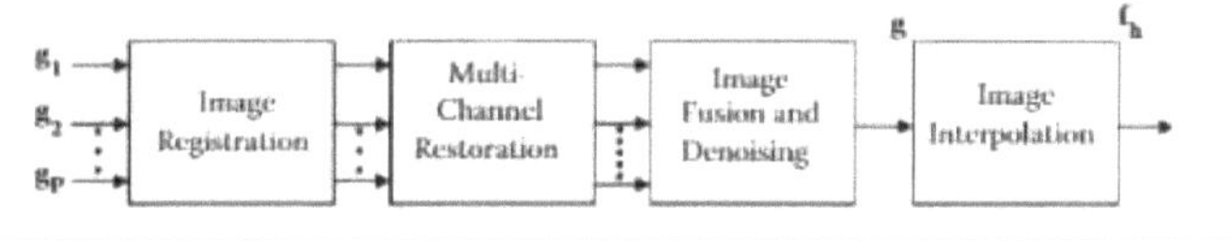

Figure 1.1 Successive steps of image super-resolution reconstruction.

1.3 Interpolação polinomial de imagens

A interpolação de imagens é, de facto, um aspeto crucial do processamento de imagens, embora seja frequentemente ofuscada por outras técnicas e aplicações. Em muitas tarefas de processamento de imagens, a interpolação é vista como um simples passo que preenche a lacuna entre dados discretos ou de baixa resolução e a representação contínua ou de alta resolução desejada. No entanto, a sua importância não deve ser subestimada, uma vez que tem um impacto direto nos resultados finais e influencia os métodos utilizados para os alcançar. Neste capítulo, é destacada a importância da interpolação de imagens, enfatizando o seu papel e lançando luz sobre o trabalho tradicional neste domínio. A literatura já abordou extensivamente a interpolação, empregando várias abordagens e apresentando diferentes definições [1-28]. Embora existam definições simples, como a de que a interpolação é uma estimativa informada da incógnita, estas podem não fornecer informações sobre os processos subjacentes à interpolação. Neste contexto, a definição adoptada considera a interpolação como uma recuperação baseada em modelos de dados contínuos a partir de dados discretos dentro de um intervalo conhecido de abcissas. O objetivo é reconstruir uma representação contínua que possa ser amostrada a uma taxa mais elevada. Esta definição distingue a interpolação da extrapolação. A interpolação pressupõe a existência de um intervalo conhecido de dados em que o modelo se aplica e afirma que os dados contínuos recuperados são inteiramente descritos pelos dados discretos. Por outro lado, a extrapolação permite a utilização do modelo fora do intervalo conhecido, com o pressuposto explícito de que o modelo funciona bem perto das amostras de dados, mas pode ser menos exato noutros locais. Ao enfatizar a distinção entre interpolação e extrapolação, este capítulo tem como objetivo proporcionar uma compreensão mais clara dos princípios e limitações das técnicas de interpolação. Reconhece a importância da modelação e a necessidade de considerar cuidadosamente a gama de dados e a aplicabilidade do modelo. Esta perspetiva ajuda os investigadores e os profissionais a tomar decisões informadas sobre a seleção de métodos de interpolação adequados e a evitar potenciais armadilhas associadas à extrapolação. Em resumo, embora a interpolação de imagens possa parecer um passo simples em muitas aplicações de processamento de imagens, a sua importância e impacto nos resultados globais não devem ser negligenciados. Este capítulo tem como objetivo sublinhar a importância da interpolação, explorar o seu trabalho tradicional e fornecer uma compreensão abrangente dos princípios e distinções envolvidos.

1.4 Interpolação clássica de imagens

O processo de interpolação de imagens envolve a estimativa dos valores dos pixéis que estão localizados entre pixéis conhecidos numa imagem. Isto é feito para preencher as lacunas e criar uma representação mais suave da imagem. No caso de uma sequência de dados amostrados unidimensional (1-D), como uma sequência de valores de pixéis ao longo de uma linha ou coluna de uma imagem, podem ser utilizadas várias funções de interpolação para estimar os valores intermédios dos pixéis. Os pesos dependem da distância, s, entre a posição do pixel a ser estimado (x-hat) e as posições dos pixels vizinhos conhecidos. Diferentes funções de interpolação utilizam diferentes esquemas de ponderação para atribuir valores aos pixels vizinhos com base nas suas distâncias. Estas funções de interpolação podem incluir a interpolação do vizinho mais próximo, a interpolação bilinear, a interpolação bicúbica, entre outras. A escolha da função de interpolação depende do nível de precisão e da complexidade computacional pretendidos. É importante notar que as funções de interpolação específicas mencionadas acima são normalmente utilizadas para a interpolação de imagens bidimensionais (2-D), em que as direcções horizontal e vertical têm de ser interpoladas. A forma geral mencionada anteriormente pode ser alargada para acomodar a interpolação bidimensional, considerando as distâncias em ambas as direcções e incorporando esquemas de ponderação adequados. Note-se que a referência [15-21] mencionada na sua pergunta não foi fornecida, pelo que os pormenores específicos dos métodos de interpolação aí abordados não podem ser referenciados na presente resposta.
.

$$\hat{f}(x) = \sum_{k=-\infty}^{\infty} c(x_k)\beta(x-x_k)$$

$$(1.1)$$

em que $\beta(x)$ é a função de base de interpolação e x e x_k representam as distâncias espaciais contínuas e discretas, respetivamente. Os valores de $c(x_k)$ são designados por coeficientes de interpolação e têm de ser estimados antes do processo de interpolação. As funções de base são classificadas em duas categorias principais: funções de base interpoladoras e não interpoladoras. As funções de base interpoladoras não requerem a estimativa dos coeficientes $c(x_k)$. Os valores de amostra $f(x_k)$ são utilizados em vez de $c(x_k)$. Por outro lado, as funções de base não interpoladoras requerem a estimativa dos coeficientes $c(x_k)$.

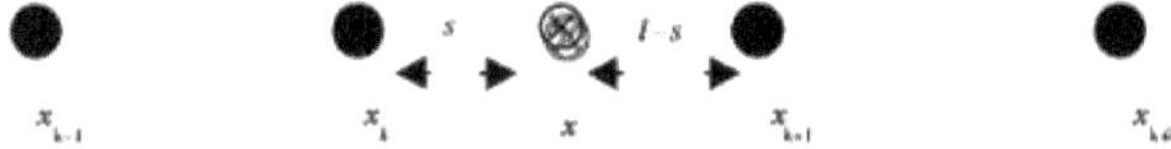

Figura 1.1 Interpolações de sinais unidimensionais. O pixel na posição x é estimado utilizando os pixéis da sua vizinhança e a distância s.

Na interpolação polinomial de imagens, a estimativa dos valores intermédios dos pixels é efectuada utilizando funções de base polinomiais. Estas funções de base podem ser classificadas em dois tipos principais: funções de base interpoladoras e funções de base não interpoladoras. As funções de base de interpolação não requerem a estimativa de coeficientes (c(xk)) antes do processo de interpolação. Em vez disso, utilizam diretamente os valores de amostra (f(xk)) em posições de píxeis conhecidas. Estas funções de base são concebidas para passar exatamente através dos pontos de amostragem conhecidos e fornecer interpolação sem necessidade de estimativa de cocficientes. Por outro lado, as funções de base não interpoladoras requerem a estimativa de coeficientes (c(xk)) antes de a interpolação poder ser efectuada. Estas funções de base não são concebidas para passar pelos pontos de amostragem, mas representam a relação entre os pontos de amostragem conhecidos utilizando um conjunto de coeficientes. Os coeficientes têm de ser estimados com base nos pontos de dados fornecidos e, em seguida, os valores intermédios dos pixels podem ser calculados utilizando estes coeficientes e as funções de base. Na teoria clássica da amostragem, se uma função f(x) estiver limitada à gama de frequências de $[-\pi, \pi]$, , pode ser perfeitamente reconstruída a partir das suas amostras recolhidas em intervalos igualmente espaçados. Este princípio, conhecido como o teorema de amostragem de Nyquist-Shannon, afirma que a taxa de amostragem deve ser pelo menos o dobro da frequência máxima no sinal para evitar aliasing. No entanto, é importante notar que os números de referência [21,29] mencionados na sua pergunta não foram fornecidos, pelo que os pormenores e equações específicos relativos à teoria clássica da amostragem não podem ser referenciados nesta resposta.

$$\hat{f}(x) = \sum_{k} f(x_k)\,\mathrm{sinc}(x - x_k)$$

(1.2)

A interpolação ideal pressupõe uma reconstrução perfeita do sinal original através da utilização de um núcleo de interpolação, como a função sinc(x). No entanto, a interpolação ideal apresenta vários desafios. Em primeiro lugar, os filtros ideais não são normalmente utilizados em aplicações práticas devido à sua duração infinita e às suas características irrealistas. Os sinais do mundo real têm uma duração finita e o pressuposto de uma limitação de banda perfeita contradiz a ideia de sinais de duração finita. Além disso, o kernel de interpolação sinc(x) apresenta um decaimento lento, o que leva a cálculos ineficientes no domínio do tempo. O decaimento lento da função sinc resulta em caudas longas e oscilações, conhecidas como oscilações de Gibbs, que podem ser visualmente perturbadoras na imagem interpolada. Para resolver estes problemas, são normalmente utilizadas aproximações e métodos de interpolação alternativos. Uma abordagem popular é a utilização de splines básicas, também conhecidas como B-splines. As B-splines fornecem uma representação mais eficiente do núcleo de interpolação, utilizando polinómios por partes com suporte compacto. Estas splines oferecem uma melhor eficiência computacional e podem atenuar os problemas associados ao decaimento lento e às oscilações de Gibbs. Outra alternativa são as funções de base de Keys, que foram concebidas para ter uma duração finita e melhores propriedades de decaimento em comparação com a função sinc. As funções de Keys constituem um compromisso entre a interpolação ideal e a aplicação prática, equilibrando a eficiência computacional e a qualidade visual. Estas aproximações e funções de base alternativas oferecem soluções mais práticas para a interpolação de imagens, tendo em conta as limitações e os desafios associados aos métodos de interpolação ideais. Tenha em atenção que os pormenores específicos e as equações relacionadas com B- splines, funções de base de Keys e outros métodos de interpolação alternativos não são fornecidos na sua pergunta. Se necessitar de informações mais específicas sobre estes métodos, contacte-me.

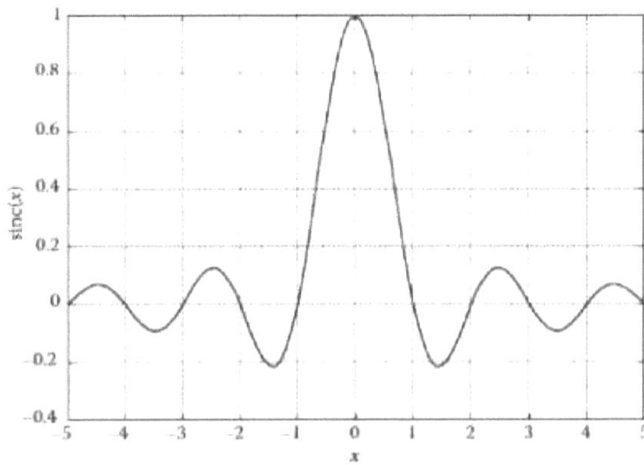

Figura 1.2 Núcleo de interpolação sinc(x)

1.5 Interpolação de imagens B-Spline

A interpolação de imagens com B-spline é uma técnica utilizada para aumentar a amostragem ou interpolar imagens através da adaptação de curvas B-spline aos pontos de dados existentes. As curvas B-spline são um tipo de funções polinomiais por partes que são normalmente utilizadas para tarefas de interpolação e aproximação em computação gráfica e processamento de imagens.

O processo de interpolação B-spline envolve os seguintes passos:

1. Seleção de pontos de dados: Escolha um conjunto de pontos de dados da imagem original que serão utilizados como pontos de controlo para a curva B-spline.

2. Construção de curvas B-spline: Construir uma curva B-spline com base nos pontos de controlo seleccionados. As curvas B-spline são definidas pela sua ordem, que determina o grau dos segmentos polinomiais, e pelo vetor de nós, que define a colocação e a multiplicidade dos nós.

3. Ajuste da curva: Ajustar as posições dos pontos de controlo para ajustar a curva B-spline aos pontos de dados originais. Isto pode ser feito utilizando várias técnicas, como o ajuste dos mínimos quadrados ou algoritmos de otimização.

4. Interpolação: Avaliar a curva B-spline nas localizações pretendidas para obter os valores interpolados da imagem. Isto pode ser efectuado utilizando técnicas como o algoritmo de Boor ou o algoritmo de Casteljau.

A interpolação B-spline oferece várias vantagens em relação a outros métodos de interpolação. As B-splines são suaves e podem capturar formas e variações complexas nos dados. Proporcionam controlo local através dos pontos de controlo, permitindo uma fácil manipulação e ajuste da curva. As B-splines também têm um suporte compacto, o que significa que só dependem de um número limitado de pontos de controlo, o que as torna computacionalmente eficientes. A interpolação B-spline pode ser utilizada para várias tarefas de processamento de imagem, incluindo redimensionamento de imagem, super-resolução e reconstrução de imagem. Constitui uma abordagem flexível e eficaz para aumentar a resolução ou interpolar imagens, preservando a qualidade geral e os pormenores dos dados originais.

1.5.1 Spline polinomial

Os splines são um tipo de método de interpolação que utiliza polinómios por partes para representar uma curva ou superfície suave. A principal caraterística das splines é que os segmentos polinomiais individuais são unidos em pontos específicos chamados nós. Para um spline de grau n, cada segmento é representado por um polinómio de grau n. Por conseguinte, são necessários n + 1 coeficientes para representar cada peça. A continuidade do spline e das suas derivadas até à ordem n - 1 deve ser preservada nos nós. Isto significa que a spline deve ter uma transição suave e contínua entre os segmentos polinomiais nos pontos dos nós. No caso de splines com nós uniformes e espaçamento unitário, uma representação comum é dada pela expansão B-spline. A expansão B-spline representa a spline como uma combinação linear de funções de base conhecidas como B-splines. Cada B-spline está associada a um nó específico, e a combinação destas funções de base determina a forma do spline. A expansão B- spline pode ser expressa através da seguinte equação:

$$s(x) = \Sigma\, c(i) * B(i, n)(x) \quad (1.3)$$

Nesta equação, s(x) representa a função spline, c(i) são os coeficientes associados a cada função de base B-spline,

B(i, n)(x) é a função de base B-spline de grau n no nó i, e o somatório é efectuado sobre todos os nós. Manipulando os coeficientes c(i) e as funções de base B-spline, a spline pode ser ajustada para se adaptar aos pontos de dados fornecidos ou alcançar as propriedades desejadas, como suavidade ou curvatura. É importante notar que os detalhes específicos e as equações relacionadas com a expansão B-spline e as propriedades das B-splines não são fornecidos na sua pergunta. Se necessitar de mais informações ou de equações específicas relacionadas com a interpolação de B-splines, não hesite em perguntar.

$$\hat{f}(x) = \sum_{k \in Z} c(x_k)\beta^n(x - x_k)$$

$$(1.4)$$

onde Z é uma vizinhança finita em torno de x. A função de base B-spline вп(x) é uma função simétrica em forma de sino obtida por n + 1 convoluções de um impulso retangular в0 dado por [20]

$$\beta^0(x) = \begin{cases} 1 & -\dfrac{1}{2} < x < \dfrac{1}{2} \\[2mm] \dfrac{1}{2} & |x| = \dfrac{1}{2} \\[2mm] 0 & \text{otherwise} \end{cases}$$

$$(1.5)$$

Assim, temos [20]

$$\beta_n(x) = \underbrace{\beta_0 * \beta_0 * \ldots\ldots * \beta_0(x)}_{(n+1) \text{ times}} \quad (1.6)$$

A transformada de Fourier de uma função de base B-spline de ordem n pode ser obtida utilizando a propriedade de convolução. Denotemos a função de base B-spline de ordem n como $B\_n(t)$. A transformada de Fourier de $B\_n(t)$ é dada por:

$$FB\_n(t) = FB\_0(t) * B\_0(t) * \ldots * B\_0(t) \quad (1.7)$$

Aqui, o $B\_0(t)$ representa a função de base B-spline de ordem zero, que é uma função de caixa definida como:

$$B\_0(t) = 1, \text{ for } |t| \le 0.5 \quad (1.8)$$

0, caso contrário

A convolução de $B\_0(t)$ com ela própria n vezes, denotada por $B\_0(t) * B\_0(t) * \ldots * B\_0(t)$, resulta na função de base B-spline de ordem n. Agora, de acordo com a propriedade de convolução das transformadas de Fourier, a transformada de Fourier da convolução de duas funções é igual ao produto das suas transformadas de Fourier individuais. Portanto, podemos expressar a transformada de Fourier de $B\_n(t)$ como o produto das transformadas de Fourier de $B\_0(t)$ tomadas n vezes:

$$FB\_n(t) = [FB\_0(t)]^n \quad (1.9)$$

A transformada de Fourier da função de base B-spline de ordem zero, $FB\_0(t)$, pode ser calculada utilizando a sua definição e as propriedades das transformadas de Fourier. Note-se que a forma exacta da transformada de Fourier dependerá da definição específica da função de base B-spline que está a ser utilizada, uma vez que existem variações na literatura. No entanto, o princípio geral aqui descrito aplica-se às funções de base B-spline.

$$\hat{\beta}^{n}(\omega) = \left(\frac{\sin(\omega/2)}{(\omega/2)} \right)^{n+1} = \frac{\left(e^{j\omega/2} - e^{-j\omega/2} \right)^{n+1}}{(j\omega)^{n+1}}$$

$$(1.20)$$

1.6 Variantes de B-Spline

Existem várias variantes de B-splines que foram desenvolvidas para responder a requisitos específicos ou melhorar determinados aspectos da interpolação. Algumas das variantes de B-spline mais utilizadas incluem:

1. B-splines uniformes: As B-splines uniformes têm pontos de controlo e nós uniformemente espaçados. São amplamente utilizadas em

computação gráfica e modelação geométrica devido à sua simplicidade e eficiência.

2. B-splines não uniformes: As B-splines não uniformes permitem um espaçamento desigual dos pontos de controlo e dos nós. Esta flexibilidade permite um controlo mais preciso sobre a forma da curva e pode resultar em interpolações mais suaves.

3. B-splines racionais: As B-splines racionais alargam o conceito de B-splines para incluir pontos de controlo racionais, que têm pesos associados. Isto permite a representação de curvas com variações de forma e magnitude. As B-splines racionais são úteis em aplicações em que se pretende obter efeitos de escala ou de mistura.

4. B-splines periódicas: As B-splines periódicas são concebidas para criar curvas ou superfícies fechadas. Asseguram a continuidade nos pontos finais, ligando os últimos pontos de controlo aos primeiros pontos de controlo, resultando numa curva fechada sem descontinuidades.

5. B-splines hierárquicas: As B-splines hierárquicas, também conhecidas como funções de base hierárquica ou splines de interpolação hierárquica, são utilizadas na análise multi-resolução e na representação de wavelets. Fornecem uma estrutura para a

representação e manipulação eficientes de dados em vários níveis de pormenor.

6. B-splines de tensão: As B-splines de tensão introduzem um parâmetro de tensão que controla a suavidade da curva. Ajustando a tensão, é possível criar curvas que variam de suaves a cantos afiados.

Estas variantes oferecem características diferentes e são adequadas para aplicações específicas ou resultados desejados. A escolha da variante a utilizar depende dos requisitos específicos da tarefa de interpolação e das propriedades desejadas das curvas ou superfícies resultantes.

1.6.1 Interpolação do vizinho mais próximo (B-spline de ordem zero):

No contexto da interpolação de imagens, esta função é utilizada para determinar o valor do pixel para uma determinada coordenada, replicando o valor do pixel vizinho mais próximo. Por outras palavras, a interpolação do vizinho mais próximo atribui o valor do pixel mais próximo a uma determinada localização, sem qualquer interpolação ou suavização entre os pixels vizinhos. Isto resulta num aspeto de blocos quando se escalam ou redimensionam imagens. A interpolação bilinear é normalmente utilizada no processamento de imagens e na computação gráfica para estimar os valores de pixéis entre pixéis adjacentes. Considera os quatro pixels vizinhos mais próximos e efectua uma interpolação linear entre eles para determinar o valor do pixel numa coordenada específica. Este método de interpolação produz resultados mais suaves do que a interpolação do vizinho mais próximo e ajuda a reduzir os artefactos de blocos. Em resumo, enquanto a função de base B-spline de ordem zero representa a interpolação do vizinho mais próximo (repetição de píxeis), a função de base B-spline linear corresponde à interpolação bilinear, que proporciona uma interpolação mais suave entre píxeis vizinhos. A interpolação do vizinho mais próximo é o esquema de interpolação mais simples. A função de base associada à interpolação do vizinho mais próximo é apresentada na figura 1.3

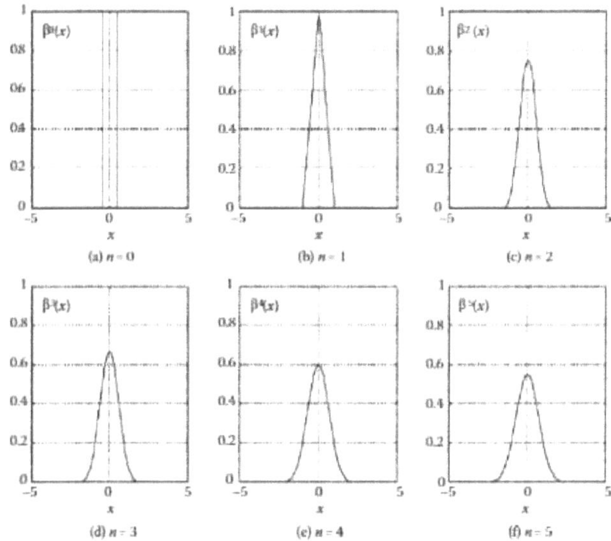

Figura 1.3: Funções de base da interpolação B-spline.

1.6.2 Interpolação linear:

A interpolação linear é, de facto, vulgarmente conhecida como interpolação bilinear. A interpolação bilinear é amplamente utilizada em várias aplicações, incluindo processamento de imagem e computação gráfica, devido à sua simplicidade de implementação e qualidade razoável dos resultados. No contexto do processamento de imagens, a interpolação bilinear é utilizada para estimar os valores de pixéis entre pixéis adjacentes quando se escalam ou redimensionam imagens. Considera os quatro píxeis vizinhos mais próximos e efectua uma média ponderada dos seus valores com base na proximidade da coordenada alvo a cada píxel. Os pesos são determinados pelas distâncias entre a coordenada de destino e os pixels vizinhos. Ao realizar esta média ponderada, a interpolação bilinear produz resultados mais suaves em comparação com a interpolação do vizinho mais próximo (B-Spline de ordem zero) e ajuda a reduzir os artefactos de blocos que podem ocorrer ao dimensionar ou redimensionar imagens. Embora possa não fornecer o mais alto nível de precisão ou detalhe em comparação com técnicas de interpolação mais avançadas, atinge um bom equilíbrio entre simplicidade e qualidade visual, tornando-a uma escolha popular para muitas aplicações.

1.6.3 Interpolação cúbica de splines:

A interpolação spline cúbica é um método popular para interpolar dados utilizando polinómios cúbicos por partes. Fornece uma curva suave e contínua que passa por cada ponto de dados dado. A ideia básica subjacente à interpolação de splines cúbicos consiste em dividir o intervalo de dados em intervalos mais pequenos e construir um polinómio cúbico em cada intervalo. Os polinómios são escolhidos de forma a interpolar os pontos de dados dentro do intervalo, mantendo a suavidade nos intervalos adjacentes. Aqui estão os principais passos envolvidos na interpolação de spline cúbica:

1. Preparação dos dados: Dado um conjunto de pontos de dados (x_i, y_i), em que x_i representa a variável independente e y_i representa a variável dependente correspondente, assegurar que os pontos de dados são ordenados por ordem crescente de x_i.

2. Divisão de intervalos: Dividir o intervalo de dados em intervalos mais pequenos. Dentro de cada intervalo $[x\_i, x\_\{i+1\}]$, será utilizado um polinómio cúbico para interpolação.

3. Construção de polinómios: Para cada intervalo $[x\_i, x\_\{i+1\}]$, construir um polinómio cúbico da forma:

$$S\_i(x) = a\_i + b\_i(x - x\_i) + c\_i(x - x\_i)^2$$

$$+ d\_i(x - x\_i)^3$$

Os coeficientes (a_i, b_i, c_i, d_i) são determinados através da aplicação de condições de interpolação e de suavidade nos pontos de dados e nos limites dos intervalos.

4. Condições de interpolação: Para cada ponto de dados (x_i, y_i), o polinómio cúbico $S_i(x)$ deve interpolar o ponto, ou seja, $S_i(x_i) = y_i$.

5. Condições de suavidade: Os polinómios dentro de intervalos adjacentes devem ser suaves nos pontos de fronteira partilhados. Isto é conseguido assegurando que a primeira e a segunda derivadas coincidem nos limites de cada intervalo.

6. Solução dos Coeficientes: Resolvendo o sistema de equações formado pelas condições de interpolação e suavidade, os coeficientes (a_i, b_i, c_i, d_i) para cada intervalo podem ser determinados.

7. Avaliação: Uma vez obtidos os coeficientes para cada intervalo, o valor interpolado para qualquer x dentro do intervalo de dados pode ser calculado através da avaliação do polinómio cúbico correspondente $S_i(x)$ para o intervalo apropriado.

A interpolação de splines cúbicas fornece uma curva suave que passa pelos pontos de dados fornecidos e pode capturar variações locais nos dados. É amplamente utilizada em vários domínios, incluindo análise numérica, gráficos de computador e análise de dados, onde é necessária uma interpolação precisa e visualmente agradável.

1.7 Implementação do filtro digital de interpolação B-Spline:

A interpolação B-spline também pode ser implementada utilizando filtros digitais. A abordagem baseada em filtros proporciona uma forma eficiente e flexível de efetuar a interpolação B-spline em dados discretos. Aqui está um esboço geral da implementação do filtro digital da interpolação B-spline:

1. Determine a ordem da B-spline (n) e o fator de interpolação

desejado (r). O fator de interpolação representa o rácio entre as taxas de amostragem de saída e de entrada.

2. Conceber o filtro B-spline:

a. Calcule a frequência de corte normalizada para o filtro. Isto é tipicamente derivado com base no fator de interpolação desejado e na ordem B-spline.

b. Conceba um filtro passa-baixo com a frequência de corte pretendida. Podem ser utilizados vários métodos de conceção de filtros, como o janelamento, a conceção de filtros FIR ou a conceção de filtros IIR.

c. Normalizar os coeficientes do filtro para garantir o ganho e a estabilidade pretendidos.

3. Aumenta a amostragem do sinal de entrada:

a. Insira (r-1) amostras com valor zero entre cada par de amostras originais para aumentar a taxa de amostragem por um fator de r. Isto é conhecido como upsampling.

b. Aplique um filtro passa-baixo ao sinal de amostragem superior utilizando o filtro B-spline concebido. Este passo de filtragem ajuda a suavizar o sinal e a reduzir o aliasing.

4. Reduzir a amostragem do sinal filtrado:

a. Descarte (r-1) de cada r amostras para reduzir a taxa de amostragem de volta à taxa de saída desejada. Isto é conhecido como downsampling.

b. Note-se que a filtragem anti-aliasing pode ser necessária antes da redução da amostragem para remover componentes de alta frequência que possam causar aliasing.

Aplicando estes passos, a implementação do filtro digital de interpolação B-spline pode fornecer uma interpolação de alta qualidade de dados discretos. O filtro B-spline aproxima efetivamente a curva B-spline contínua e assegura a suavidade e a continuidade da saída interpolada. Vale a pena mencionar que os pormenores específicos da conceção e implementação do filtro dependerão do método de conceção do filtro escolhido, da linguagem de programação e das bibliotecas de processamento de sinais disponíveis. Os parâmetros de conceção e os coeficientes do filtro também podem variar em função do fator de interpolação e da ordem B-spline pretendidos.

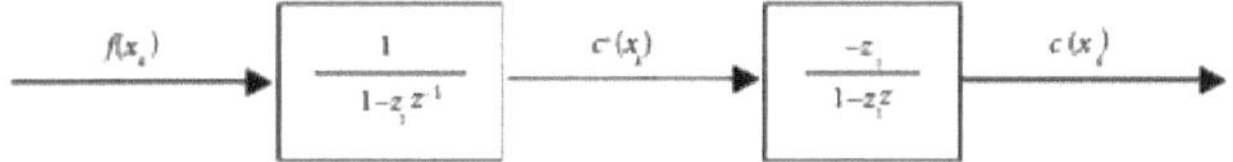

Figura 1.4 Estimativa dos coeficientes de interpolação da spline cúbica.

Figura 1.5 Diagrama de blocos da interpolação de imagens B-spline

1.8 Interpolação O-MOMS:

Interpolação O-MOMS (Optimal Maximum Order Minimum Support). Com base na expressão, a função de base cúbica O-MOMS pode ser definida da seguinte forma:

B(x) = w1 * B(x) + w2 * B'(x) + w3 * B''(x) + w4 * B'''(x) (1.21)

Aqui, B(x) representa a função de base B-spline cúbica, e as suas derivadas B'(x), B''(x) e B'''(x) correspondem à primeira, segunda e terceira derivadas da B-spline cúbica, respetivamente. Os pesos w1, w2, w3 e w4 são coeficientes que determinam a contribuição de cada termo na função de base. A expressão fornecida parece representar a definição por partes da função de base, em que x é a coordenada de entrada. As desigualdades e condições dentro da expressão provavelmente definem o suporte ou intervalo de validade para cada termo da função de base. A interpolação cúbica O-MOMS tem como objetivo obter uma interpolação de ordem elevada, minimizando o suporte ou a largura da função de base. Isso permite uma interpolação mais localizada e precisa, reduzindo artefatos e efeitos indesejados de pontos de dados distantes. Tenha em atenção que os valores e coeficientes específicos da função de base cúbica O-MOMS podem variar consoante a implementação ou o estudo de investigação.

1.9 Interpolação "chave" (bicúbica):

A família de funções básicas de Keys, também conhecida como interpolação bicúbica, é outra família de funções básicas comummente utilizada para interpolação. Na interpolação de B-splines e O-MOMS de ordem superior, como já foi referido, as funções básicas não são interpoladoras. Isto significa que os coeficientes de interpolação têm de ser estimados ou calculados separadamente antes de efetuar a interpolação. Este facto pode ser visto como uma desvantagem porque requer um passo adicional para determinar os coeficientes. Para resolver este problema, a interpolação de Keys introduziu uma família cúbica de funções básicas que constituem um compromisso entre a interpolação ideal baseada em sincronização e a interpolação B-spline. As funções básicas da família Keys foram concebidas para serem interpoladoras, o que significa que passam pelos pontos de dados a interpolar, eliminando a necessidade de estimar os coeficientes em separado. A interpolação do Keys utiliza um conjunto de polinómios cúbicos como funções de base para efetuar a interpolação. Estas funções de base foram concebidas para obter boas propriedades de interpolação, minimizando artefactos como a ultrapassagem ou o anelamento. A forma específica das funções de base de Keys pode variar, mas normalmente são derivadas usando várias considerações matemáticas, como a minimização do erro de interpolação ou a obtenção de características de resposta em frequência desejáveis. A interpolação bicúbica utilizando as funções de base de Keys tem tido ampla aplicação no processamento de imagens e na computação gráfica, pois proporciona um equilíbrio entre precisão e eficiência computacional. Permite uma interpolação de alta qualidade, evitando a propriedade de não interpolação das funções de base B-splines e O-MOMS de ordem superior. É importante notar que os detalhes específicos da família de funções de base Keys, incluindo a forma matemática exacta e os coeficientes, podem variar consoante a variante ou a implementação. Vários trabalhos de investigação e referências fornecem formulações e detalhes específicos para a interpolação de Keys em diferentes contextos.

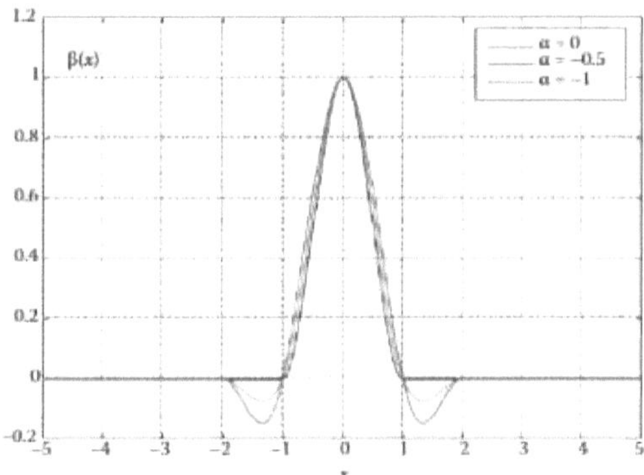

Figura 1.6 Funções de base das chaves com diferentes valores de *a*.

1.9.1Artifícios da interpolação polinomial de imagens

Os métodos de interpolação polinomial de imagens, incluindo B-splines de ordem superior, O-MOMS e a interpolação bicúbica de Keys, podem apresentar determinados artefactos quando aplicados a imagens. Estes artefactos são inerentes à natureza polinomial da interpolação e podem afetar a qualidade visual da imagem interpolada. Eis alguns artefactos comuns associados à interpolação polinomial de imagens:

1. Aliasing: Os métodos de interpolação polinomial podem introduzir artefactos de aliasing, especialmente quando o fator de

interpolação é elevado. O aliasing ocorre quando os componentes de alta frequência da imagem não são corretamente representados no resultado da interpolação, o que provoca distorções e bordos serrilhados. As técnicas de anti-aliasing, como a filtragem passa-baixo antes da interpolação ou a filtragem pós-interpolação, podem ajudar a atenuar os artefactos de aliasing.

2. Desfocagem: Os métodos de interpolação polinomial tendem a introduzir efeitos de desfocagem, especialmente em regiões com transições nítidas ou detalhes finos. Esta desfocagem ocorre devido à natureza das funções de base polinomiais, que suavizam os dados da imagem em regiões maiores. Os polinómios de ordem superior podem exacerbar este efeito de desfocagem. Para atenuar a desfocagem, podem ser aplicadas seletivamente técnicas de pós-processamento, como o melhoramento de margens ou filtros de nitidez, para restaurar a nitidez.

3. Excesso/anelamento: Os métodos de interpolação polinomial podem apresentar artefactos de sobreposição ou anelamento, que se manifestam como oscilações espúrias ou padrões ondulados perto de arestas vivas ou áreas de elevado contraste. Estes artefactos ocorrem porque os polinómios têm uma extensão infinita e podem tentar aproximar transições rápidas com um comportamento oscilatório. A aplicação de filtros apropriados ou a modificação do método de interpolação para limitar a extensão das funções básicas pode ajudar a reduzir a ultrapassagem e o anelamento.

4. Requisitos de memória: Polinomial
Os métodos de interpolação requerem normalmente o armazenamento de grandes conjuntos de coeficientes para as funções de base. Os requisitos de memória aumentam com a ordem do polinómio e a dimensão da grelha de interpolação. Isto pode ser uma limitação, particularmente em ambientes com recursos limitados.

5. Complexidade computacional: Os métodos de interpolação polinomial podem ser computacionalmente exigentes, especialmente para polinómios de ordem superior ou imagens de grandes dimensões. Os cálculos envolvidos na avaliação dos polinómios e na determinação dos coeficientes de interpolação podem ser demorados. Algoritmos eficientes e técnicas de otimização podem ajudar a reduzir a complexidade computacional.

6. Podem ocorrer artefactos de bloqueio nos métodos de interpolação quando o suporte ou a influência de cada pixel se limita à sua vizinhança circundante. Estes artefactos são particularmente visíveis quando o método de interpolação utiliza funções de síntese com transições acentuadas, como a interpolação do vizinho mais próximo.

Quando o suporte da interpolação é finito, a contribuição de cada pixel é limitada à sua vizinhança local, o que pode resultar em limites visíveis ou transições abruptas entre regiões vizinhas. Isto cria um aspeto "em blocos" na imagem interpolada, em que a influência de pixels individuais é claramente discernível. A interpolação do vizinho mais próximo, em particular, pode exacerbar estes artefactos de bloqueio. A interpolação do vizinho mais próximo selecciona o valor do pixel mais próximo para determinar o valor interpolado. Como resultado, a interpolação faz transições abruptas de um pixel para outro, o que pode levar a artefactos de bloqueio pronunciados, especialmente em áreas com transições acentuadas ou bordas de alto contraste.

É importante notar que estes artefactos não são exclusivos dos métodos de interpolação polinomial e podem também ser encontrados noutras técnicas de interpolação. Para atenuar estes artefactos, podem ser utilizadas várias técnicas, como filtros anti-aliasing, pré-processamento, pós-processamento e métodos de interpolação adaptativos, para melhorar a qualidade visual das imagens interpoladas.

Capítulo 2

Imagem polinomial adaptativa Interpolação

As técnicas polinomiais de interpolação de imagens, embora populares devido à sua simplicidade, ignoram frequentemente os níveis de atividade local da imagem a interpolar. Esta limitação pode resultar em efeitos de desfocagem e numa qualidade visual abaixo do ideal. Para resolver este problema, é possível adaptar a fórmula de interpolação de cada técnica pixel a pixel, tendo em conta os diferentes níveis de atividade local. Ao adaptar o processo de interpolação, o efeito de desfocagem pode ser reduzido, conduzindo a uma melhor qualidade visual. A procura de resultados de interpolação de alta qualidade tem impulsionado a investigação no domínio da interpolação adaptativa de imagens. Uma abordagem recente nesta área é a abordagem linear variável no espaço, que avalia uma "distância deformada" entre o pixel a ser estimado e os seus pixéis vizinhos. O processo de deformação consiste em deslocar o pixel estimado para o lado mais homogéneo, tendo em conta as características locais da imagem. Esta abordagem tem demonstrado algum sucesso, particularmente na interpolação de bordos, e tem sido aplicada a várias técnicas de interpolação mencionadas anteriormente.

Neste capítulo, o problema da interpolação polinomial de imagens é tratado de forma adaptativa para obter melhores resultados. A eficiência de qualquer algoritmo de interpolação de imagens depende de dois factores: a qualidade visual da imagem interpolada e o custo computacional do algoritmo. O objetivo é encontrar um equilíbrio entre estes dois factores. Para atingir este objetivo, são utilizados dois algoritmos adaptativos para implementar técnicas de interpolação polinomial de imagens. Ao incorporar estratégias adaptativas na interpolação polinomial de imagens, o capítulo visa melhorar a qualidade visual das imagens interpoladas, tendo em conta a eficiência computacional. Estes algoritmos adaptativos têm em conta as características locais da imagem e efectuam ajustamentos em conformidade, resultando em melhores resultados de interpolação.

2.2 Modelo de degradação de imagens de baixa resolução

Este capítulo aborda dois algoritmos adaptativos para interpolação polinomial de imagens, com o objetivo de melhorar a qualidade visual das imagens interpoladas. Estes algoritmos podem ser aplicados a várias técnicas de interpolação tradicionais, como B-spline, O-MOMS e Keys', incluindo as suas implementações de distância deformada. O primeiro algoritmo é computacionalmente simples e envolve a ponderação dos pixéis utilizados no processo de interpolação com pesos adaptáveis. A adaptação dos pesos tem em conta as características locais da imagem, permitindo obter melhores resultados de interpolação. Esta abordagem de ponderação adaptativa pode ser aplicada a diferentes técnicas de interpolação tradicionais, melhorando o seu desempenho. O segundo algoritmo adaptativo é mais poderoso e tem como objetivo minimizar o erro de estimativa quadrático em cada pixel da imagem interpolada. Para tal, calcula adaptativamente a distância óptima entre o pixel a estimar e os pixéis vizinhos. O processo de adaptação pode ser efectuado de forma iterativa, refinando a estimativa em cada passo para obter a melhor estimativa possível. Este algoritmo considera o modelo matemático que relaciona uma imagem de baixa resolução (LR) com a sua correspondente imagem de alta resolução (HR). É aplicável a várias técnicas tradicionais de interpolação de imagens, proporcionando um resultado de interpolação mais sofisticado e preciso. Ao incorporar estes algoritmos adaptativos, o capítulo aborda o compromisso entre a qualidade visual e o custo computacional na interpolação de imagens. Os algoritmos utilizam técnicas adaptativas para ter em conta as características locais da imagem e otimizar o processo de interpolação em conformidade. Isto conduz a melhores resultados, nomeadamente em termos de qualidade visual, e pode ser aplicado a diferentes técnicas tradicionais de interpolação de imagens.

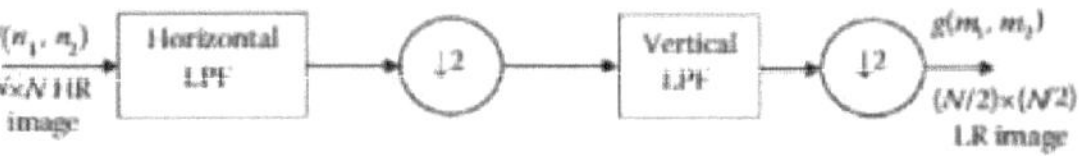

Figura 2.1 Processos de redução da amostra de uma imagem HR N x N

para uma imagem LR N/2 x N/2

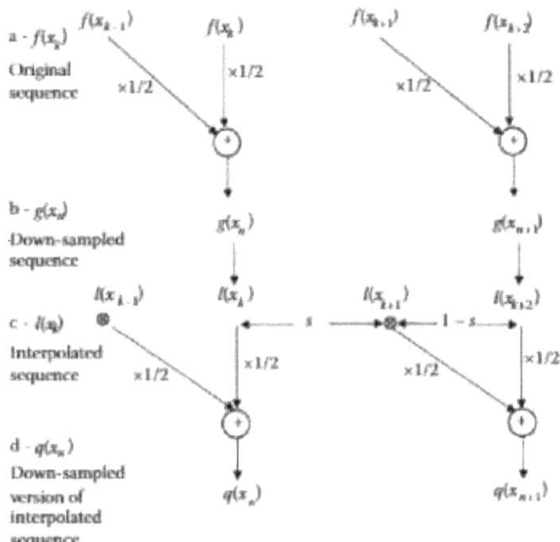

Figura 2.2 Redução da amostragem e interpolação do sinal. (a) Sequência de dados original. (b) Versão com amostragem reduzida da sequência de dados original. (c) Sequência de dados interpolada. (d) Versão com amostragem reduzida da sequência de dados interpolada.

No processo de obtenção de imagens, quando uma cena é captada por uma câmara de alta resolução (HR), a imagem HR resultante é designada por f(n1, n2), em que n1, n2 = 0, 1, 2, ..., N-1. Do mesmo modo, se a mesma cena for captada por uma câmara de baixa resolução (LR), a imagem resultante é designada por g(m1, m2), em que m1, m2 = 0, 1, 2, ..., M-1. Aqui, M = N/R, e R representa o rácio entre as taxas de amostragem das imagens HR e LR. A relação entre a imagem LR e a imagem HR, assumindo que não há desfocagem, pode ser representada pelo modelo matemático:

$$g = Df + v \quad (2.1)$$

Nesta equação, f, g e v são vectores ordenados lexicograficamente que representam a imagem HR desconhecida, a imagem LR capturada e o ruído aditivo, respetivamente. A ordenação lexicográfica significa que a imagem é ordenada coluna a coluna para formar um único vetor. O vetor f tem uma dimensão de $N^A 2$ x 1, e os vectores g e v têm dimensões de $M^A 2$ x 1. A matriz D representa o processo de filtragem e de redução da amostra que transforma a imagem HR na imagem LR. Tem uma dimensão de $M^A 2$ x $N^A 2$.

No pressuposto da separabilidade, a matriz D pode ser expressa como o produto de Kronecker de duas matrizes:

$$D = D1 \otimes D1 \quad (2.2)$$

Aqui, $\otimes$ representa o produto de Kronecker, e a matriz D1 é uma matriz M x N que representa a filtragem unidimensional (1-D) e a redução da amostragem por um fator R. Para o caso de N = 2M, a matriz D1 é dada por:

$$D_1 = \frac{1}{2} \begin{bmatrix} 1 & 1 & 0 & 0 & \cdots & 0 & 0 \\ 0 & 0 & 1 & 1 & \cdots & 0 & 0 \\ \vdots & \vdots & \vdots & \vdots & \ddots & \vdots & \vdots \\ 0 & 0 & 0 & 0 & \cdots & 1 & 1 \end{bmatrix} \quad (2.3)$$

A Figura 2.1 ilustra o modelo de filtragem e redução da amostra, mostrando o processo de transformação da imagem HR para a imagem LR. As figuras 2.2a e 2.2b apresentam uma implementação matemática deste processo para uma sequência 1-D. O objetivo do processo de interpolação de imagens é estimar o vetor f com base no vetor g. Existem vários algoritmos que podem ser utilizados para atingir este objetivo. No entanto, o foco da discussão é a resolução deste problema de forma adaptativa, tendo em conta os níveis de atividade local e as características da imagem. Ao incorporar técnicas adaptativas, o processo de interpolação tem como objetivo melhorar a precisão e a qualidade visual da imagem estimada da FC. Os algoritmos adaptativos podem ajustar a fórmula de interpolação ou os pesos utilizados para cada pixel com base na sua informação circundante, conduzindo a melhores resultados que captam os diferentes níveis de atividade local da imagem.

2.3 Interpolação linear de imagens invariantes no espaço

O processo de interpolação de imagens envolve a estimativa de valores de píxeis intermédios entre valores de píxeis conhecidos. Este processo é efectuado numa base 1-D, primeiro linha a linha e depois coluna a coluna. Dada uma sequência discreta f(xk) de comprimento N (Figura 3.2a), se esta sequência for filtrada e reduzida em 2, obtém-se outra sequência g(xn) de comprimento N/2 (Figura 2.2b). Esta filtragem e redução de amostragem simulam o modelo de degradação da imagem LR descrito pela Equação (2.1). O objetivo do processo de interpolação é estimar uma sequência l(xk) de comprimento N (Figura 2.2c), que se aproxima muito da sequência discreta original f(xk). Para interpolar os dados amostrados 1-D igualmente espaçados g(xn), podem ser utilizadas várias fórmulas de interpolação, mas com diferentes índices espaciais para facilitar a matemática. Usando a Equação (1.1), o valor da amostra a ser estimado, l(xk + 1), é geralmente dado pela Equação (2.4). A interpolação ideal, representada pela Equação (1.2), não é prática, pelo que são utilizadas aproximações alternativas. As fórmulas para estas aproximações assumem as seguintes formas:

1. Interpolação bilinear
2. Interpolação spline cúbica
3. Interpolação cúbica O-MOMS
4. Interpolação de chaves

O objetivo é encontrar l(xk + 1), que se aproxima de f(xk + 1). Este processo de interpolação adaptativa é repetido para cada pixel estimado, permitindo a estimativa de valores intermédios que captam as características locais e os níveis de atividade da imagem.

2.4 Interpolação de imagens com distância distorcida

O algoritmo warped-distance é um algoritmo simples de interpolação adaptativa de imagens. Pode ser utilizado na implementação de qualquer técnica de interpolação polinomial. A ideia subjacente à distorção da distância é modificar o parâmetro de distância, denotado como s, com base na homogeneidade ou não homogeneidade da vizinhança em torno de cada pixel estimado. A distância deformada, denotada como s', é calculada utilizando a seguinte relação (Equação 2.4):

$$s' = s - \tau \, Ans(s - 1)$$

Aqui, An representa a assimetria dos dados na vizinhança de xk+1 e é definido como (Equação 2.5):

$$An = (gx - gx\text{-}1) - (gx\text{+}1 - gx)$$

onde gx representa os valores dos pixéis na vizinhança. Para manter An no intervalo de -1 a 1, é aplicado um fator de escala Lmax-1, em que Lmax é normalmente definido como 256 para pixéis de 8 bits. O parâmetro τ controla a intensidade da deformação e tem um valor inteiro positivo. O objetivo desta distorção é evitar a desfocagem das margens durante o processo de interpolação, preservando a sua nitidez e melhorando a qualidade visual.

2.5 Interpolação de imagens ponderadas

A interpolação ponderada de imagens é uma abordagem alternativa que envolve a incorporação de pesos adaptativos aos pixéis durante o processo de interpolação, em vez de utilizar técnicas de interpolação tradicionais. Nesta abordagem, o parâmetro de distância, s, permanece fixo. A ideia subjacente à interpolação ponderada consiste em modificar as fórmulas de interpolação tradicionais, introduzindo pesos adaptativos que variam no espaço.

Um exemplo de interpolação ponderada é a interpolação bilinear ponderada [30]. Nesta abordagem, o valor estimado do pixel, l(xk+1), é calculado como uma combinação ponderada dos valores dos pixels vizinhos. Os pesos são determinados com base nas características locais da imagem. A fórmula da interpolação bilinear ponderada pode ser escrita como:

$$l(xk+1) = (1 - s) * w(xn) * g(xn) + s * w(xn+1) * g(xn+1)$$

(2.6)

Aqui, w(xn) e w(xn+1) são os pesos adaptativos atribuídos aos pixels vizinhos, g(xn) e g(xn+1), respetivamente. Os pesos dependem da localização espacial e dos níveis de atividade local da imagem. Ao ajustar os pesos de forma adaptativa, o processo de interpolação pode ter em conta as características variáveis da imagem e produzir resultados de melhor qualidade visual.

Outras técnicas de interpolação, como a spline cúbica ponderada, a O-MOMS cúbica ponderada e a Keys' ponderada, também podem ser implementadas utilizando a abordagem de ponderação. As fórmulas específicas para estas técnicas envolvem a incorporação de pesos adaptativos aos pixels vizinhos de forma semelhante, resultando em melhores resultados de interpolação que consideram os níveis de atividade local da imagem.

2.6 Interpolação iterativa de imagens

Se a interpolação bilinear for aplicada à sequência $g(x_n)$ para obter a sequência $l(x_k)$, o erro de estimativa quadrático entre a amostra estimada $l(x_{k+1})$ e a amostra original $f(x_{k+1})$ pode ser calculado do seguinte modo

$$E^2 = |f(x_{k+1}) - l(x_{k+1})|^2 \quad (2.7)$$

Nesta equação, $f(x_{k+1})$ representa o valor original da amostra na posição x_{k+i}, e $l(x_{k+i})$ representa o valor estimado da amostra na mesma posição. A diferença absoluta entre os valores original e estimado é elevada ao quadrado para obter o erro de estimativa ao quadrado.

O objetivo da interpolação iterativa de imagens é minimizar o erro quadrático médio (MSE) entre a sequência estimada $l(x_k)$ e a sequência original $f(x_k)$. Isto é conseguido através da minimização iterativa do erro quadrático entre cada amostra estimada e a amostra original correspondente.

Ao atualizar a sequência estimada $l(x_k)$ iterativamente e ao refinar a estimativa com base nos erros quadráticos, o algoritmo de interpolação visa convergir para uma solução que minimize o erro quadrático global da estimativa, resultando numa maior aproximação da sequência original $f(x_k)$.

O algoritmo de interpolação iterativo específico e o procedimento de atualização podem variar consoante a implementação e a abordagem de otimização pretendida. Podem ser utilizadas diferentes técnicas iterativas, como a descida do gradiente ou o ajuste dos mínimos quadrados, para refinar iterativamente a sequência estimada e melhorar a precisão da interpolação.

2.7 Interpolação iterativa de imagens

O algoritmo de interpolação ponderada, com pesos adaptativos baseados na assimetria An, oferece vários casos especiais para a estimativa de pixéis. Esses casos são resumidos a seguir:

1. Regiões homogéneas: Quando uma região é homogénea, o que significa que não existem arestas ou variações significativas, o valor de An tende para zero. Neste caso, os coeficientes de ponderação a-1, a0, a1 e a2 tornam-se todos iguais a 1. Isto é equivalente ao processo tradicional de interpolação de imagens, em que todos os pixels vizinhos têm igual influência no valor estimado do pixel.

2. Valores positivos de An: Se An for positivo, indica a presença de uma aresta que é mais homogénea do lado direito. Neste caso, os pesos dos pixels do lado direito (a1 e a2) são aumentados, enquanto os pesos dos pixels do lado esquerdo (a-1 e a0) são diminuídos. Este ajuste dos pesos faz com que o valor estimado do pixel se aproxime mais dos valores dos pixels do lado direito, o que pode resultar numa melhor qualidade visual, especialmente em torno das margens.

3. Valores negativos de An: Quando An é negativo, significa que existe uma aresta mais homogénea no lado esquerdo. Neste cenário, os pesos dos pixels do lado esquerdo (a-1 e a0) são aumentados, enquanto os pesos dos pixels do lado direito (a1 e a2) são diminuídos. Este ajuste faz com que o valor estimado do pixel se aproxime mais dos valores dos pixéis do lado esquerdo.

Ao adaptar os coeficientes de ponderação com base na assimetria An, o algoritmo de interpolação ponderada pode efetivamente ajustar a contribuição dos pixels vizinhos em função das características locais da imagem. Esta abordagem adaptativa melhora o processo de interpolação, nomeadamente na preservação dos pormenores dos bordos e na melhoria da qualidade visual das imagens resultantes. Além disso, o algoritmo de interpolação ponderada pode ser combinado com a técnica de deformação para obter resultados ainda melhores. O processo de warping, tal como mencionado anteriormente, envolve a modificação do parâmetro de distância s com base na homogeneidade ou não homogeneidade na vizinhança de cada pixel estimado. Ao integrar a distorção com o algoritmo de interpolação ponderada, é possível reduzir ainda mais os efeitos de desfocagem e melhorar a interpolação de arestas.

2.8 Exemplos de simulação

Nos exemplos de simulação, são comparadas várias técnicas de interpolação polinomial e as suas variantes adaptativas. As imagens utilizadas nas experiências são submetidas a uma série de etapas:

1. Redução da amostragem: As imagens originais são objeto de uma amostragem reduzida utilizando o modelo representado na Figura 3.1. Este processo de redução da amostra reduz o tamanho das imagens e simula o modelo de degradação de imagens LR (baixa resolução) descrito pela Equação (2.1).

2. Ruído Gaussiano branco aditivo (AWGN): As imagens LR com amostragem reduzida são contaminadas por AWGN para simular ainda mais a degradação das imagens LR. Este passo introduz ruído nas imagens.

3. Interpolação: As imagens LR são então interpoladas de volta ao seu tamanho original utilizando diferentes algoritmos de interpolação. O objetivo é estimar a imagem de alta resolução a partir da versão LR degradada.

4. Estimativa do MSE: O erro quadrático médio (MSE) é calculado entre as imagens interpoladas e as imagens originais. O MSE mede a diferença média ao quadrado entre os pixéis correspondentes nas duas imagens. Quantifica a qualidade da interpolação, avaliando o nível de distorção.

O MSE é calculado utilizando a fórmula:

$$MSE = (1/N) * S(f - f)\, 2^A$$

Onde N é o número total de pixéis, f representa a imagem original e f representa a imagem interpolada.

5. Cálculo do PSNR: O rácio sinal/ruído de pico (PSNR) é

derivado do MSE e fornece uma medida da qualidade da imagem interpolada. O PSNR é calculado utilizando a fórmula:

PSNR = 10 * log10((255^2) / MSE)

O PSNR representa o rácio entre a potência máxima possível de um sinal (neste caso, a imagem original) e a potência máxima possível de um sinal (neste caso, a imagem original).

potência do ruído corruptor (estimada utilizando o MSE). Um valor PSNR mais elevado indica uma melhor qualidade de imagem.

Além disso, são utilizadas duas métricas para a avaliação do desempenho:

6. PSNR: Como descrito acima, o PSNR é calculado para avaliar a qualidade da imagem, medindo o rácio entre a potência do sinal e a potência do ruído.

7. Coeficiente de correlação para os píxeis de borda (ce): Um operador de deteção de bordos Sobel com uma janela de 3x3 é aplicado às imagens original e interpolada para extrair os pixels dos bordos. O coeficiente de correlação é então estimado entre os píxeis dos bordos em ambas as imagens. Um coeficiente de correlação mais elevado indica uma melhor preservação dos bordos durante o processo de interpolação.

Na primeira experiência, a imagem LR 128x128 de uma mulher com ruído é utilizada para testar todos os algoritmos de interpolação. A imagem LR é obtida através da redução da amostragem da imagem original por um fator de 2 nas direcções horizontal e vertical. É adicionado à imagem LR um AWGN com um rácio sinal-ruído (SNR) de 25 dB. A imagem original e a imagem LR são mostradas na Figura 3.3. A imagem LR é então interpolada para o seu tamanho original de 256x256 utilizando diferentes algoritmos. O MSE entre a imagem original e cada imagem interpolada é estimado, e o PSNR de cada imagem interpolada é calculado.

Todos os algoritmos de interpolação são testados na imagem LR com um suporte cujo comprimento é superior em uma unidade à ordem do núcleo de interpolação. Isto permite uma comparação justa do desempenho dos algoritmos. A partir das experiências efectuadas, observa-se que o algoritmo de interpolação ponderada proporciona apenas uma melhoria marginal em comparação com as técnicas de interpolação tradicionais. Por outro lado, o algoritmo de interpolação iterativa de imagens supera a implementação tradicional, bem como as técnicas de interpolação de distância deformada, ponderada e específicas, como os algoritmos bilinear, spline cúbico, O-MOMS cúbico e de Keys.

Foram investigadas duas implementações diferentes do algoritmo iterativo: linha a linha seguida de coluna a coluna, e coluna a coluna seguida de linha a linha. O número médio de iterações por pixel (Iav) foi estimado para determinar o tempo total necessário para o processo de interpolação.

Os resultados indicam que o algoritmo de interpolação ponderada oferece uma melhoria limitada em relação aos métodos tradicionais. Em contrapartida, o algoritmo de interpolação iterativa produz resultados superiores em comparação com as abordagens tradicionais, bem como com as técnicas de interpolação de distância deformada, ponderada e específica mencionadas anteriormente. Ambas as implementações do algoritmo iterativo produzem resultados semelhantes.

Para avaliar o desempenho dos algoritmos de interpolação, foram geradas imagens de erro calculando a diferença entre a imagem original e cada imagem interpolada. Num cenário de interpolação ideal, todos os pixéis da imagem de erro deveriam ser zero. No entanto, as imagens de erro invertidas mostram a capacidade do algoritmo adaptativo para preservar as margens. Foi efectuada uma experiência semelhante utilizando uma imagem de padrão de teste para avaliar a interpolação de margens para margens com várias orientações. Os resultados revelam que os algoritmos de interpolação ponderada e de distância deformada não produzem resultados superiores aos das técnicas tradicionais. No entanto, o algoritmo de interpolação iterativa consegue obter melhores resultados de interpolação.

De um modo geral, as experiências demonstram que o algoritmo de interpolação ponderada tem um impacto limitado, enquanto o algoritmo de interpolação iterativa ultrapassa as outras técnicas em termos de desempenho e de capacidade de preservar as arestas.

(a) Original image (256 × 256).

(b) LR image (128 × 128), SNR = 25 dB.

Figura 2.3 Imagem de mulher

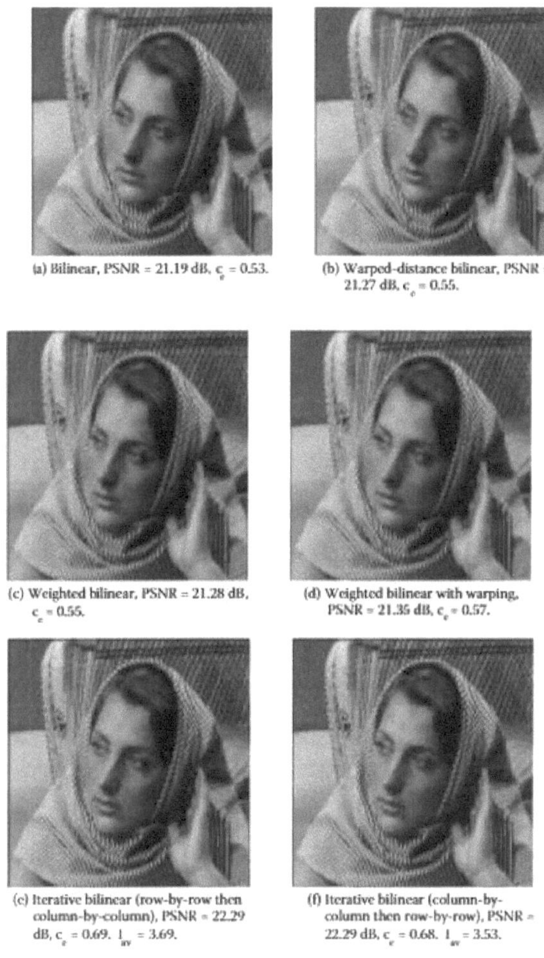

Figura 2.4 Interpolação bilinear da imagem de uma mulher.

Figura 2.5 Imagens de erro para interpolação bilinear da imagem de uma mulher

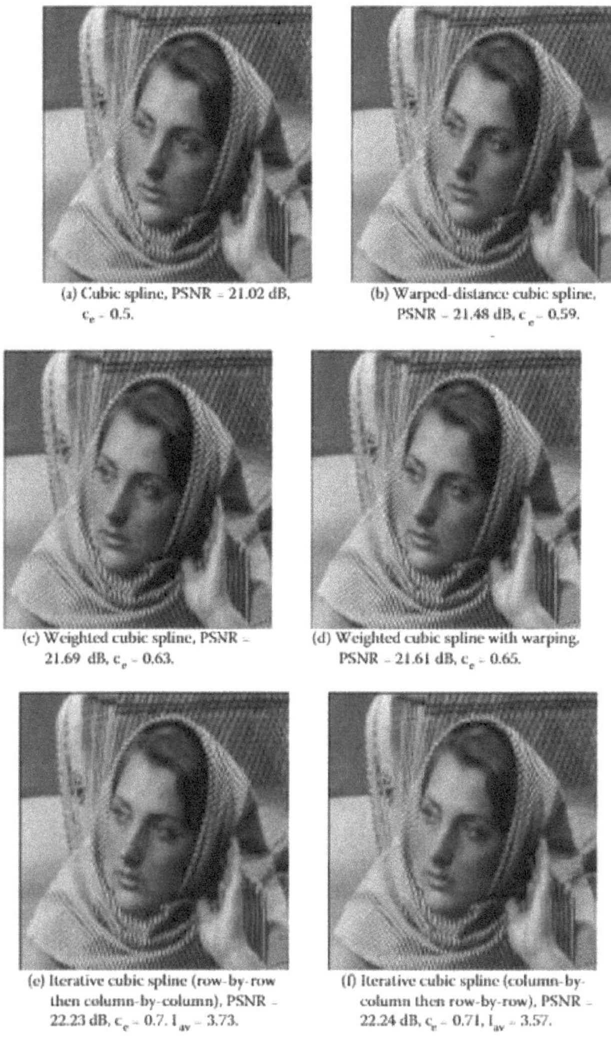

Figura 2.6 Interpolação spline cúbica da imagem de uma mulher.

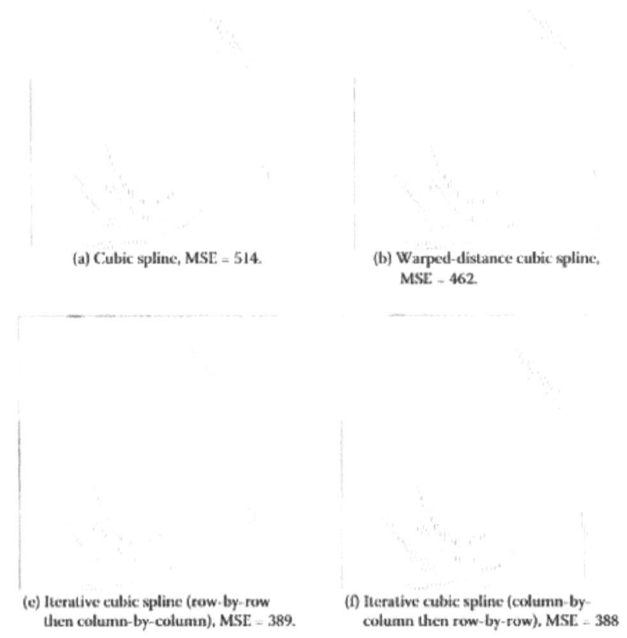

Figura 2.7 Imagens de erro para a interpolação spline cúbica da imagem de uma mulher

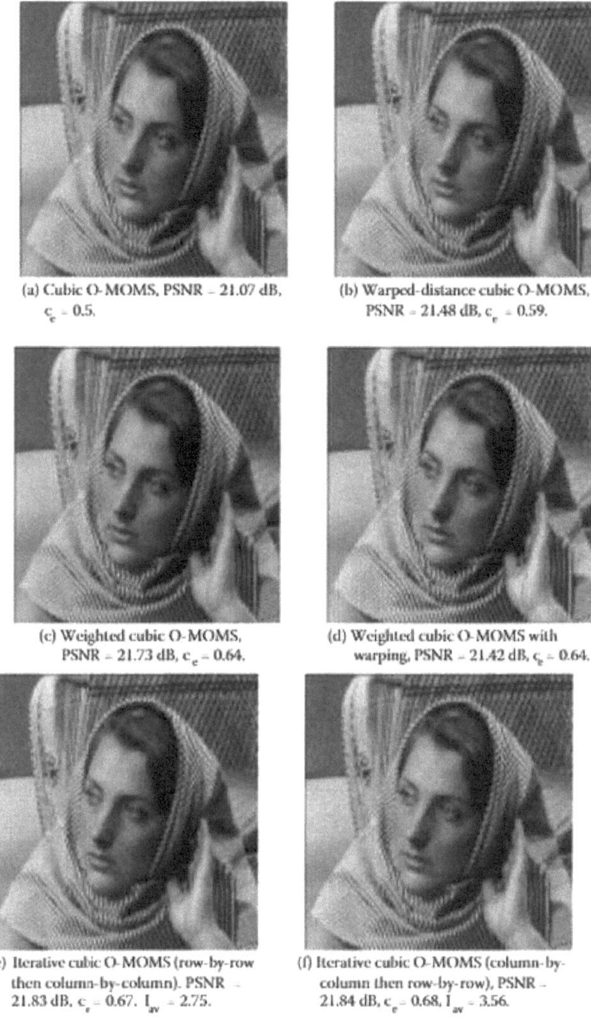

Figura 2.8 Interpolação cúbica O-MOMS da mulher imagem.

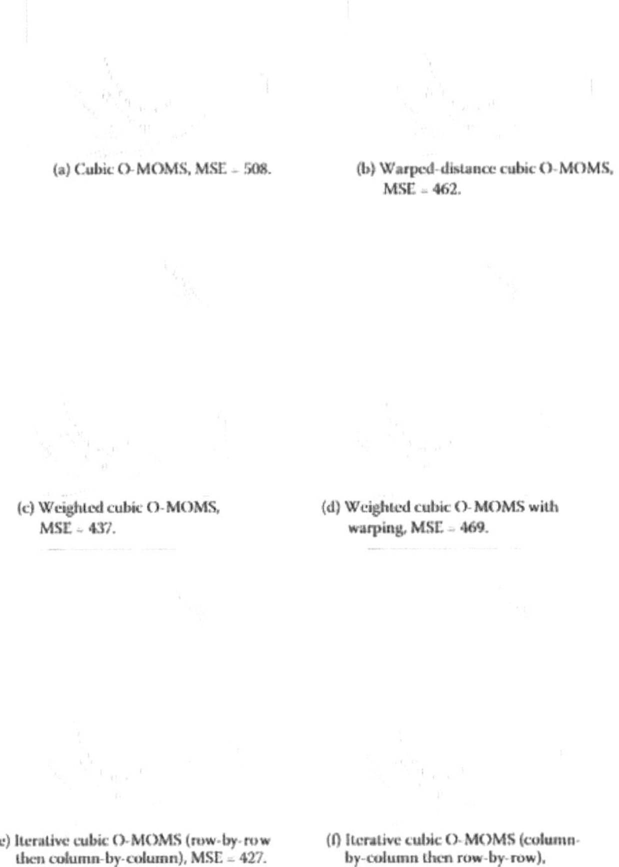

Figura 2.9 Imagens de erro para a interpolação cúbica O-MOMS da imagem de uma mulher.

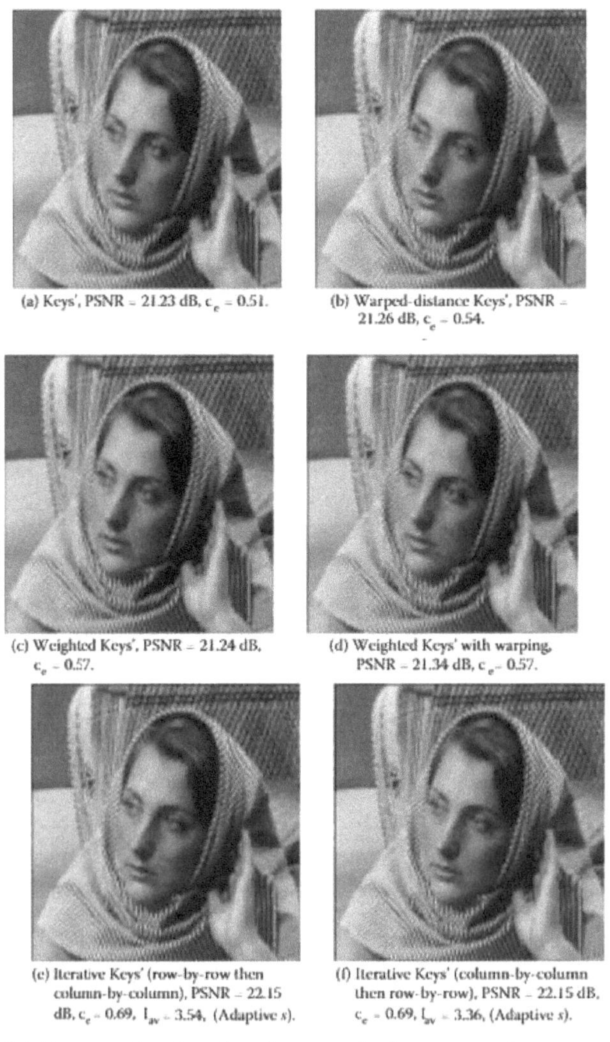

Figura 2.10 Interpolação de chaves da imagem de uma mulher.

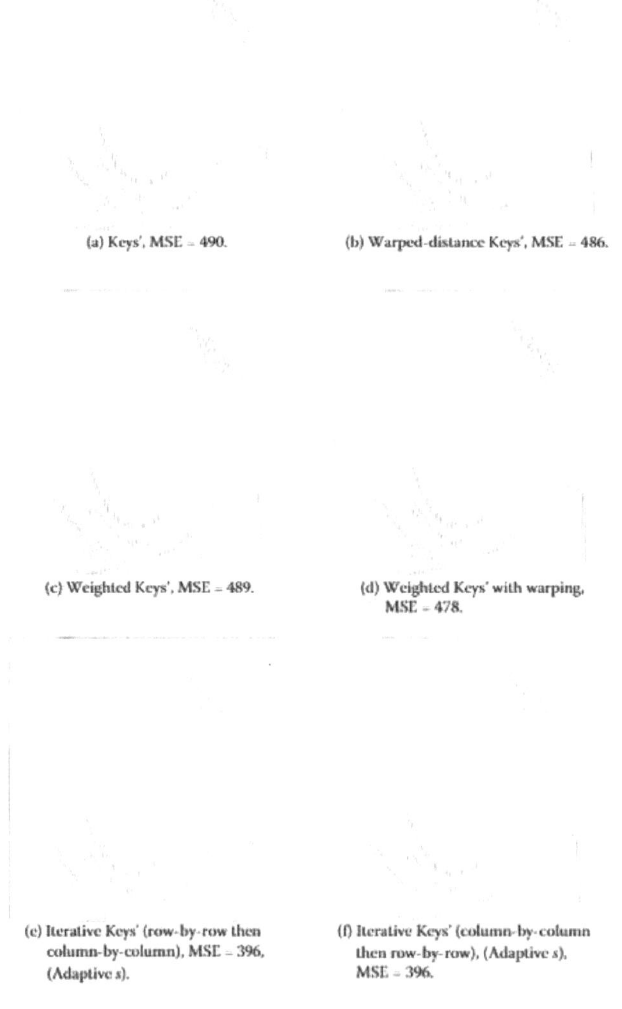

Figura 2.11 Imagens de erro para a interpolação de imagem de mulher efectuada por Keys.

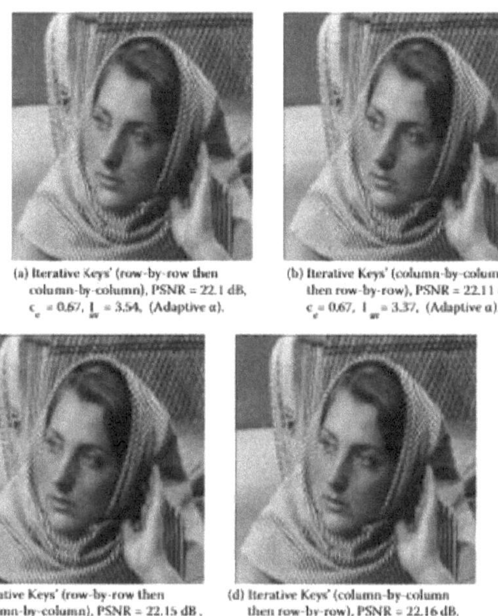

Figura 2.12 Interpolação iterativa de chaves de mulher imagem.

De acordo com as Figuras, que apresentam os resultados para diferentes SNRs nas imagens da mulher e do padrão de teste, o algoritmo de interpolação adaptativa apresenta consistentemente o melhor desempenho para imagens com ruído em vários níveis de SNR. Nestas experiências, foi utilizado um valor de n0 = 1 para o algoritmo iterativo.

Foram efectuadas experiências de interpolação adicionais em várias imagens e os resultados, incluindo PSNR, tempo de computação ce para todas as técnicas de interpolação e Iav para o algoritmo de interpolação iterativa de imagens, estão tabelados na Tabela 3.1 a Tabela 3.8. Estes resultados demonstram a capacidade do algoritmo de interpolação iterativa de imagens para preservar as margens em diferentes cenários. O tempo de computação do algoritmo iterativo em todas as experiências é considerado aceitável, particularmente quando se dá prioridade à qualidade da imagem.

Para a interpolação de Keys, foi estudado o impacto da adaptação dos parâmetros s ou a, ou ambos. Os valores mais elevados de PSNR podem ser alcançados adaptando s ou ambos, s e a. A adaptação de a por si só requer o menor tempo de computação, enquanto a adaptação de s e a implica mais tempo de computação, mas produz melhores resultados.

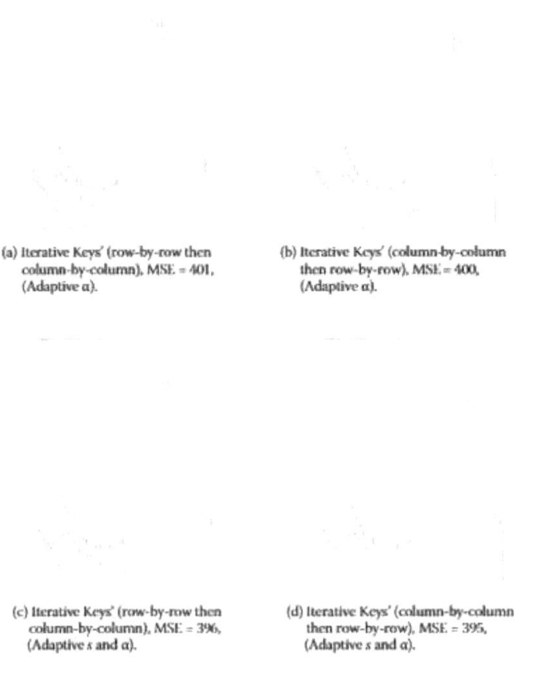

Figura 2.13 Imagens de erro para a interpolação iterativa de Keys da imagem de uma mulher.

De acordo com as experiências que comparam o algoritmo de interpolação iterativa com produtos de software de processamento de imagem disponíveis no mercado, como o ACDSee e o PhotoPro, o algoritmo iterativo demonstra um desempenho superior. Supera o software comercial em termos de preservação dos bordos e de qualidade global da imagem, independentemente do facto de o software ser ou não adaptável aos bordos.

Com base em todos os resultados apresentados, é evidente que o algoritmo de interpolação iterativa de imagens atinge consistentemente os valores PSNR e o coeficiente de correlação mais elevados para os píxeis de extremidade, em comparação com os outros algoritmos. Além disso, o algoritmo apresenta um número médio relativamente baixo de iterações por pixel em todas as experiências, variando entre 1,5 e 5 iterações por pixel. Isto indica que o tempo de processamento necessário para aplicar este algoritmo é geralmente aceitável.

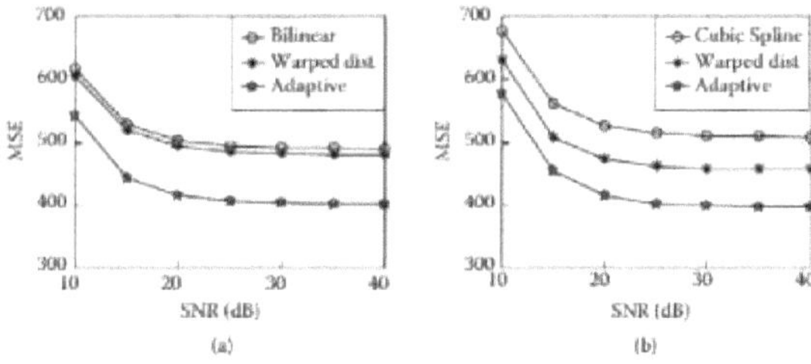

Figura 2.25 MSE versus SNR para a imagem de uma mulher. A interpolação adaptativa foi efectuada utilizando um algoritmo iterativo.

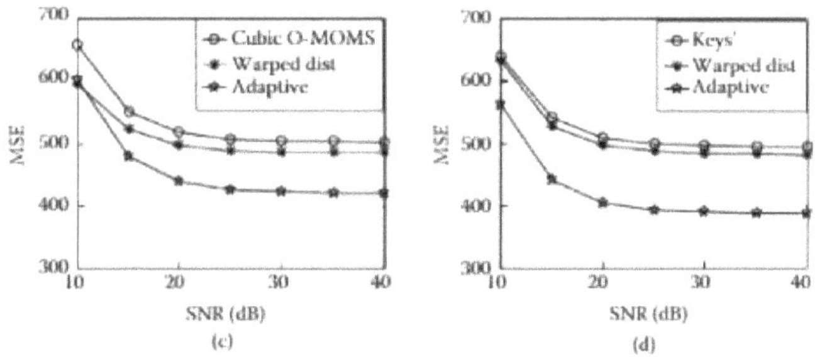

Na Figura 2.25, são apresentados os resultados de MSE versus SNR para a imagem da mulher utilizando a interpolação adaptativa com o algoritmo iterativo. O gráfico ilustra a relação entre o erro quadrático médio (MSE) e a relação sinal/ruído

(SNR) para diferentes técnicas de interpolação. O algoritmo iterativo é utilizado para a interpolação adaptativa.

Os resultados indicam que, à medida que a SNR aumenta, o MSE diminui, indicando uma melhor qualidade de imagem. Pode observar-se que a interpolação adaptativa com o algoritmo iterativo atinge consistentemente valores de MSE mais baixos em comparação com outras técnicas de interpolação em vários níveis de SNR. Isto demonstra a eficácia do algoritmo iterativo na preservação dos detalhes da imagem e na redução dos erros de interpolação.

Capítulo 3

Modelação neural de Imagem polinomial Interpolação

As Redes Neuronais Artificiais (RNA) ganharam popularidade como ferramentas de otimização eficientes que imitam os processos de pensamento humano. Estas redes são estruturadas com base em neurónios artificiais interligados e funções de ativação. As RNA são capazes de armazenar e reconhecer padrões, à semelhança da forma como o cérebro humano processa a informação. Uma das principais aplicações das RNA é a modelação das relações entre entradas e saídas. Ao treinar uma RNA com um conjunto de dados, esta pode aprender e generalizar padrões, permitindo-lhe fazer previsões ou executar tarefas com base nos dados fornecidos. As RNA têm encontrado aplicações em vários domínios, incluindo sistemas de controlo, telecomunicações, deteção remota, reconhecimento de padrões e fabrico. Nos últimos anos, as RNA têm sido amplamente utilizadas no domínio do processamento de imagens. Podem ser treinadas para aprender e efetuar os cálculos envolvidos na interpolação polinomial de imagens e suas variantes. Ao compreender as fórmulas e os padrões subjacentes, as RNA podem interpolar imagens de forma eficaz e gerar resultados de elevada qualidade. A utilização de RNAs no processamento de imagens oferece vantagens como maior precisão, flexibilidade e adaptabilidade a diferentes tipos de imagens. Aproveitando o poder das RNAs, os investigadores e profissionais podem desenvolver algoritmos sofisticados de interpolação de imagens que produzem resultados visualmente apelativos e realistas.

3.1 Fundamentos das RNAs

Seguem-se alguns conceitos fundamentais relacionados com as Redes Neuronais Artificiais (RNA):

1. Neurónios: Os neurónios são os blocos de construção básicos das RNAs. São inspirados na estrutura e função dos neurónios biológicos do cérebro humano. Cada neurónio recebe várias entradas, aplica uma soma ponderada a essas entradas e, em seguida, passa o resultado através de uma função de ativação para produzir uma saída.

2. Camadas: As RNAs são constituídas por várias camadas de neurónios interligados. Os três principais tipos de camadas numa RNA são a camada de entrada, as camadas ocultas e a camada de saída. A camada de entrada recebe os dados de entrada e a camada de saída produz o resultado final. As camadas ocultas efectuam cálculos intermédios e ajudam a rede a aprender representações complexas dos dados de entrada.

3. Pesos e desvios: Os pesos e os enviesamentos são parâmetros associados às ligações entre os neurónios. Cada ligação tem um peso que determina a força da ligação. As polarizações são parâmetros adicionais que permitem que os neurónios ajustem a sua saída independentemente das entradas. Esses pesos e vieses são aprendidos durante o processo de treinamento da rede.

4. Funções de ativação: As funções de ativação introduzem a não linearidade na rede neuronal. Elas transformam a soma ponderada das entradas em um valor de saída. As funções de ativação mais comuns incluem sigmoide, tanh, ReLU (Unidade Linear Rectificada) e softmax. A escolha da função de ativação depende da natureza do problema e das propriedades pretendidas da rede.

5. Propagação direta: A propagação direta é o processo de passagem dos dados de entrada através da rede neural, da camada de entrada para a camada de saída. Cada neurónio efectua uma soma ponderada das suas entradas, aplica uma função de ativação

e passa o resultado para a camada seguinte. Esse processo continua até que a camada de saída produza a previsão ou saída final.

6. Retropropagação: O Backpropagation é um algoritmo de aprendizagem utilizado para treinar RNAs. Envolve o cálculo do gradiente da função de perda em relação aos parâmetros da rede (pesos e polarizações) e a utilização deste gradiente para atualizar os parâmetros de forma a minimizar a perda. Ajusta iterativamente os pesos e as polarizações, propagando o erro para trás através da rede.

7. Treino e aprendizagem: O treino de uma RNA envolve fornecer-lhe um conjunto de dados rotulados e otimizar os seus parâmetros para fazer previsões precisas ou produzir os resultados desejados. A rede aprende com os dados de treinamento, ajustando os pesos e as polarizações através do processo de propagação direta e retropropagação. O objetivo é minimizar a diferença entre o resultado previsto e o resultado real.

8. Generalização: As RNAs têm como objetivo generalizar bem os dados não vistos. Após ser treinada num conjunto de dados, a rede deve ser capaz de fazer previsões precisas ou produzir resultados desejados em exemplos novos e não vistos. A generalização é crucial para garantir que a rede possa ter um bom desempenho em aplicações do mundo real. 4.2.1 Células:

9. Célula: também conhecida como unidade, é um elemento de processamento individual numa Rede Neuronal Artificial (RNA) que modela um neurónio. As células recebem informações de outras células, executam uma tarefa de processamento simples sobre as informações combinadas e enviam o resultado para uma ou mais células. Elas podem ser vistas como computadores simples dentro da rede.

10.Arcos: Um arco, também conhecido como ligação, representa um elo de comunicação unidirecional entre duas células numa

RNA. Numa rede feed-forward, a informação flui da camada de entrada através das camadas ocultas para a camada de saída. Por outro lado, uma rede de realimentação também permite a comunicação para trás.

11.Regras de ativação: As regras de ativação definem a forma como as saídas das células são combinadas numa entrada global da rede para uma célula específica (ui). A combinação de entradas e pesos é normalmente calculada utilizando uma regra de soma ponderada, em que a entrada líquida (neti) de uma célula é calculada como a soma dos produtos das entradas e dos seus pesos correspondentes.

12.Saídas: A saída (Oi) de uma célula é uma função do seu nível de ativação, que é determinado pela função de ativação aplicada.

13.Regras de aprendizagem: As regras de aprendizagem definem a forma como os pesos (wij) de uma RNA são actualizados com base na experiência adquirida durante o processo de formação. Dois tipos de algoritmos de aprendizagem são a aprendizagem supervisionada e a não supervisionada. A aprendizagem supervisionada envolve o ajuste dos parâmetros da rede para produzir uma saída que corresponda à resposta esperada, enquanto a aprendizagem não supervisionada permite que a rede extraia informações úteis dos padrões apresentados sem orientação explícita.

Estes conceitos constituem a base para compreender como funcionam as RNA e como podem ser treinadas para realizar tarefas específicas em vários domínios, incluindo o processamento de imagens. Utilizando estes conceitos fundamentais, as RNAs podem aprender padrões complexos, fazer previsões e executar várias tarefas no processamento de imagens e noutros domínios. A sua capacidade de modelar e aproximar relações não lineares torna-as ferramentas poderosas para resolver uma vasta gama de problemas.

3.2 Aprendizagem supervisionada

Na aprendizagem supervisionada, o processo de formação consiste em fornecer à rede neuronal dados de entrada, juntamente com o correspondente resultado ou resposta esperada. A rede ajusta os seus parâmetros internos, conhecidos como pesos, de forma a minimizar a diferença entre o resultado real produzido pela rede e o resultado pretendido. Ao comparar o resultado da rede com a resposta esperada, ela pode aprender a generalizar e fazer previsões ou classificações precisas.

3.3 Aprendizagem não supervisionada

A aprendizagem não supervisionada não se baseia em dados de formação explicitamente rotulados com resultados esperados. Em vez disso, a rede aprende a extrair padrões ou estruturas significativas dos dados de entrada sem qualquer orientação. Identifica e capta a redundância inerente ou as semelhanças presentes nos dados, permitindo-lhe descobrir relações ou agrupamentos ocultos. A aprendizagem não supervisionada é útil para tarefas como o agrupamento de dados, a redução da dimensionalidade e a deteção de anomalias.

A aprendizagem supervisionada e não supervisionada são duas abordagens fundamentais no treino de redes neuronais, cada uma delas adequada a diferentes tipos de problemas e disponibilidade de dados.

3.4 Estruturas de redes neurais

Existem vários tipos de estruturas de redes neuronais, cada uma com as suas próprias características e aplicações. Apresentamos de seguida uma breve descrição de algumas estruturas de redes neuronais normalmente utilizadas:

1. Perceptrões de várias camadas (MLPs): As MLPs são a estrutura de rede neural mais básica e mais utilizada. São constituídas por uma camada de entrada, uma ou mais camadas

ocultas e uma camada de saída. Cada camada é composta por várias células (neurónios) que estão totalmente ligadas às células das camadas adjacentes. As MLP são capazes de aprender relações não lineares complexas e são frequentemente utilizadas em tarefas como a classificação e a regressão.

2. Redes de função de base radial (RBF): As redes RBF são caracterizadas pelo uso de funções de base radial como funções de ativação. Normalmente, têm três camadas: uma camada de entrada, uma camada oculta com neurónios de função de base radial e uma camada de saída. As redes RBF são normalmente utilizadas para reconhecimento de padrões, aproximação de funções e tarefas de previsão de séries temporais.

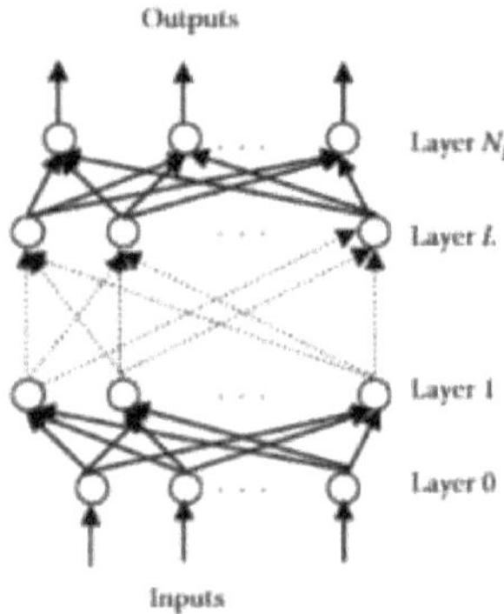

Figura 3.1 Redes neurais MLP.

3. Redes neurais de ondaletas: As redes neurais de ondaletas combinam os conceitos de redes neurais e análise de ondaletas. Utilizam funções de ondulação como funções de ativação para captar informações no domínio do tempo e da frequência. As redes neuronais de ondaletas são eficazes para tarefas de processamento de sinais, como a compressão de imagens, a redução de ruído e a extração de características.

4. Redes Neuronais Recorrentes (RNNs): As RNNs são projetadas para processar dados seqüenciais utilizando conexões de feedback. Têm ligações entre os neurónios do passo de tempo

atual e os neurónios do passo de tempo anterior, o que lhes permite reter informação ao longo do tempo. As RNNs são adequadas para tarefas que envolvem dados sequenciais, como o processamento de linguagem natural, o reconhecimento de voz e a análise de séries temporais.

Estes são apenas alguns exemplos de estruturas de redes neuronais, existindo muitas outras arquitecturas e variações especializadas que foram desenvolvidas com base em domínios e requisitos específicos dos problemas. A escolha da estrutura da rede neural depende da natureza do problema, dos dados disponíveis e do resultado desejado.

3.5 Algoritmo de treino

O algoritmo de retropropagação de erros (EBP) é um algoritmo de treino para redes neuronais artificiais (RNA) muito utilizado. É conhecido pela sua robustez e versatilidade em várias tarefas. O algoritmo EBP tem como objetivo encontrar os coeficientes que permitem que uma função de mapeamento se aproxime o mais possível de uma função de destino, com base em pares conhecidos de entrada-saída da função de destino.

Segue-se um esboço do algoritmo da EBP:

1. Definir o número de unidades na camada de entrada, denotado como I, com base no comprimento dos vectores de entrada de treino.

Da mesma forma, determine o número de unidades na camada de saída, também designada por I. Além disso, escolha o número de unidades na camada oculta, designada por J. As camadas de entrada e oculta têm normalmente uma unidade extra utilizada para o limiar.

2. Inicialize os pesos da rede. Cada peso deve ser definido aleatoriamente com um valor entre -0,1 e 0,1. É prática comum inicializar os pesos aleatoriamente para evitar problemas de simetria e permitir diversos caminhos de aprendizagem. Além

disso, seleccione uma taxa de aprendizagem, denotada como n, que é um valor positivo que controla o tamanho do passo dos ajustes de peso. Escolha Emin, que representa o valor de erro alvo que se pretende atingir.

O algoritmo EBP continua com outras etapas que envolvem a propagação para a frente dos sinais de entrada através da rede, calculando o erro entre a saída da rede e a saída desejada e, em seguida, propagando esse erro para trás através da rede para ajustar os pesos. Essas etapas são repetidas iterativamente até que o erro desejado ou os critérios de convergência sejam atendidos. É importante notar que o algoritmo EBP é apenas um dos vários algoritmos de treinamento disponíveis para RNAs. Algoritmos diferentes podem ter variações nos detalhes de sua implementação, mas o princípio subjacente é ajustar iterativamente os pesos da rede com base nos erros calculados, com o objetivo de minimizar a diferença entre a saída da rede e a saída desejada. O algoritmo EBP é amplamente utilizado devido à sua eficácia no treinamento de RNAs multicamadas. Ao organizar os cálculos de forma inteligente, reduz a complexidade dos cálculos em termos de tempo e espaço de memória, tornando-o prático para o treinamento de redes de grande escala.

3.6 Interpolação neural de imagens

No contexto da interpolação neural de imagens, as etapas envolvidas na implementação neural de técnicas de interpolação polinomial podem ser resumidas da seguinte forma:

Durante a fase de formação:

1. Um conjunto de imagens é interpolado utilizando uma técnica de interpolação polinomial específica.

2. Os pontos de entrada da região de apoio utilizados para cada estimativa de pixel são ordenados e representados sob a forma de vetor. Por exemplo, a interpolação bilinear utiliza dois pontos, enquanto a interpolação de Keys e a interpolação spline cúbica

utilizam quatro pontos.

3. Estes vectores de entrada são utilizados como entradas para a rede neural e os resultados de interpolação correspondentes são utilizados como saídas desejadas.

4. A rede neural é treinada utilizando este conjunto de dados, ajustando os seus pesos para minimizar a diferença entre as saídas reais da rede e as saídas desejadas.

Durante a fase de teste:

1. Para a imagem a interpolar, os pontos de entrada da região de apoio utilizados para cada estimativa de pixel são ordenados e representados sob a forma de vetor.

2. Este vetor é então utilizado como entrada para a rede neural treinada, que estima o valor de pixel necessário para a interpolação.

A rede neuronal utilizada para esta tarefa pode ter qualquer dimensão fixa e pode ser aplicada a todos os tipos de técnicas de interpolação. O treino da rede neuronal consiste em ajustar os seus pesos através de um algoritmo de treino. O objetivo do algoritmo de treino é minimizar a soma dos erros quadrados entre a saída desejada e as saídas reais dos neurónios de saída da rede.

Cada peso da rede neuronal é ajustado através da adição de um incremento para reduzir o erro entre as saídas efectiva e desejada o mais rapidamente possível. Este processo de ajustamento é efectuado ao longo de várias iterações de formação até se obter um valor de erro satisfatoriamente pequeno ou até se atingir um número predefinido de épocas. O algoritmo de retropropagação do erro (EBP) é normalmente utilizado como algoritmo de formação para esta tarefa.

Ao treinar a rede neural usando os resultados de interpolação obtidos com a técnica de interpolação polinomial, a rede aprende a aproximar a função de interpolação. Torna-se então capaz de estimar valores de pixéis para interpolação em novas imagens com base nos padrões aprendidos e nas relações captadas nos seus pesos.

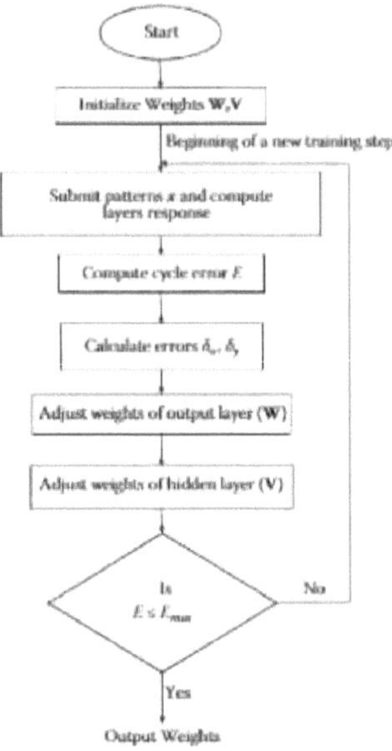

Figura 3.2 Fluxograma dos algoritmos EBP.

3.7 Exemplos de simulação

Nas experiências de simulação realizadas para testar a interpolação neural de imagens, foram seguidos os seguintes passos:

1. Reduzir a amostragem: As imagens originais foram primeiro reduzidas para criar versões de baixa resolução (LR). A redução da amostra reduz o tamanho da imagem, simulando a degradação da resolução.

2. Adição de ruído: Foi aplicado ruído branco gaussiano aditivo (AWGN) às imagens LR para simular o ruído presente em cenários do mundo real.

3. Interpolação: As imagens LR foram então interpoladas de volta ao seu tamanho original utilizando várias técnicas de interpolação. Neste caso, foram utilizadas técnicas de interpolação tradicionais,

como a interpolação bilinear, Keys' e spline cúbica, juntamente com as suas variantes adaptativas. Além disso, a implementação neural dessas técnicas também foi testada.

4. Avaliação: A qualidade das imagens interpoladas foi avaliada através da estimativa da relação sinal/ruído de pico (PSNR) entre as imagens obtidas e as imagens originais. O PSNR é uma métrica que mede a semelhança entre duas imagens, sendo que valores mais elevados indicam uma melhor qualidade da imagem.

As experiências de simulação centraram-se numa imagem LR específica, a imagem de mulher 128x128 com ruído. Os resultados destas experiências foram analisados e apresentados nas Figuras 3.3 a 3.8 e nas Tabelas 3.1 a 3.3. Essas visualizações e tabelas fornecem informações sobre o desempenho das diferentes técnicas de interpolação e suas implementações neurais em termos de valores de PSNR, permitindo uma comparação e avaliação de sua eficácia em

reconstrução de imagens de alta resolução a partir de imagens LR e com ruído

entradas.

Figura 3.3 Interpolação bilinear com implementação neural. (a) Interpolação bilinear, sem ruído. (b) Implementação neuronal, 5 neurónios. (c) Implementação neuronal, 2 neurónios. (d) Interpolação bilinear, SNR = 20 dB. (e) Implementação neuronal, 5 neurónios. (f) Implementação neuronal, 2 neurónios.

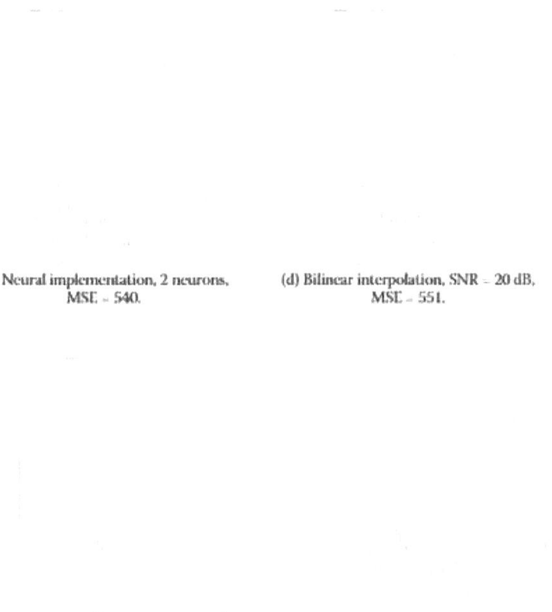

(c) Neural implementation, 2 neurons, MSE = 540.

(d) Bilinear interpolation, SNR = 20 dB, MSE = 551.

(e) Neural implementation, 5 neurons, MSE = 551.

(f) Neural implementation, 2 neurons, MSE = 552.

Figura 3.4 Imagens de erro para interpolação bilinear com implementação neural. (a) Interpolação bilinear, sem ruído, MSE = 539. (b) Implementação neural, 5 neurónios, MSE = 539. (c) Implementação neuronal, 2 neurónios, MSE = 540. (d) Interpolação bilinear, SNR = 20 dB, MSE = 551. (e) Implementação neural, 5 neurónios, MSE = 551. (f) Implementação neural, 2 neurónios, MSE = 552

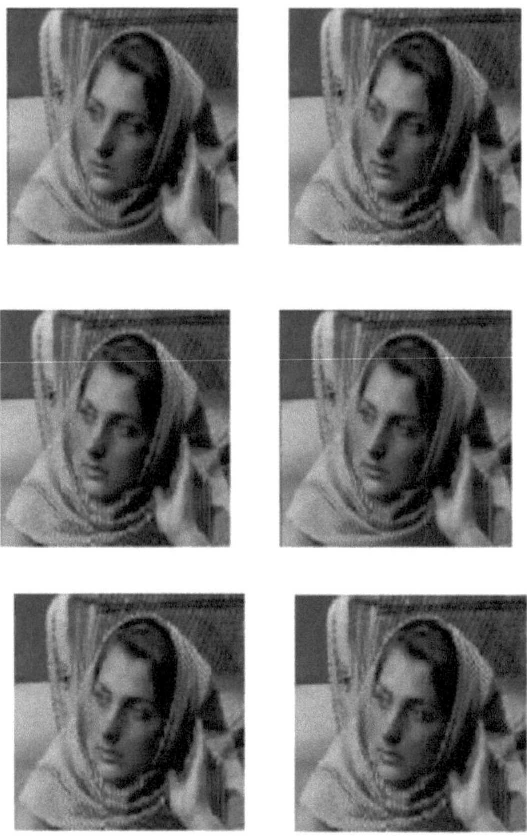

Figura 3.5 Interpolação de chaves com implementação neural. (a) Interpolação de chaves, sem ruído. (b) Implementação neural, 5 neurónios. (c) Implementação neuronal, 2 neurónios. (d) Interpolação de chaves

interpolação, SNR = 20 dB. (e) Implementação neural, 5 neurónios. (f) Implementação neural, 2 neurónios.

Figura 3.6 Imagens de erro para a interpolação de Keys com implementação neural. (a)D Interpolação de Keys, sem ruído, MSE = 544. (b) Implementação neural, 5 neurónios, MSE = 544. (c) Implementação neural, 2 neurónios, MSE = 546. (d) Interpolação de chaves, SNR = 20 dB, MSE = 559. (e) Implementação neural, 5 neurónios, MSE = 558. (f) Implementação neural, 2 neurónios, MSE = 560.

Figura 3.7 Interpolações spline cúbicas com implementação neural. (a) Interpolação spline cúbica, sem ruído. (b) Implementação neuronal, 2 neurónios. (c) Implementação neuronal, 2 neurónios. (d) Interpolação spline cúbica, SNR = 20 dB. (d) Implementação neuronal, 5 neurónios. (f) Implementação neuronal, 2 neurónios

Figura 3.8 Imagens de erro para interpolação spline cúbica com implementação neural. (a) Interpolação spline cúbica, sem ruído, MSE = 562. (b) Implementação neural, 5 neurónios, MSE = 611. (c) Implementação neural, 2 neurónios, MSE = 613. (d) Interpolação spline cúbica, SNR = 20 dB, MSE = 579. (e) Implementação neural, 5 neurónios, MSE = 644. (f) Implementação neural, 2 neurónios, MSE = 645.

Tipo	Sem nórdico			$N* = 20 da		
	Tradicional Método	Neural Método		Método tradicional	Neural método	
		5 Neurónios	2 Neurónios		5 Neurónios	2 Neurónios
Bilinear	20,0139	20.0139	20.7997	20.7175	20.7166	20.7040
Chaves'	20.7725	20.7725	20.7551	20.6571	20.6501	20.6425
Cúbico Spline	20.6265	20.2655	20,2506	20.5019	20.0419	20,0346

Table 1   1 Valores PSNR para interpolação invariante no espaço

de
Imagem de mulher

Tipo	Sem nórdicos			SNR = 20 dB		
	Método tradicional	Neura/ Método		Método tradicional	Neura/ Método	
		5 Neurónios	2 Neurónios		5 Neurónios	2 Neurónios
Bilinear	20.B943	20.0096	20.0091	20.7063	20.7916	20.7750
Chaves'	20.0076	20.6061	20.0045	20.7661	20.7670	20.7407
Estriado cúbico	21.0070	20,4146	20.4047	20.9297	20.1007	20.1016

Table 2   2 Valores PSNR para interpolação de distância distorcida de
Imagem de mulher

Tipo	Sem nórdico			SNR = 20 dB		
	Método tradicional	Neyra/ Método		Tradicional Método	Método "Neura	
		5 Neurónios	2 Neurónios		5 Neurónios	2 Neurónios
Bilinear	20.0943	20.0907	20.0091	20,7001	20.7040	20.7009
Chaves'	20.0673	20.0657	20.0637	20,7441	20.7307	20.7513
Estriado cúbico	21.2074	20,0547	20.0340	21.1210	20.6755	20.6451

Table 3   3 Valores PSNR para a interpolação ponderada da imagem de uma mulher.

As experiências realizadas com redes neuronais no contexto das técnicas de interpolação polinomial revelaram resultados interessantes. Foram testadas duas variações de redes neuronais: uma com cinco neurónios numa única camada oculta e outra com dois neurónios. O objetivo da comparação destas variações era determinar se o aumento do número de neurónios na camada oculta conduz a um melhor desempenho em comparação com as técnicas de interpolação tradicionais. Os resultados das experiências mostraram que o aumento do número de neurónios conduziu a uma ligeira melhoria da precisão. No entanto, esta melhoria foi acompanhada por um aumento da complexidade. Por outro lado, a rede neuronal com apenas dois neurónios apresentou um desempenho próximo das técnicas de interpolação tradicionais. Com base nestes resultados, concluiu-se que não há vantagens significativas em aumentar a complexidade da rede neuronal, acrescentando mais neurónios a partir de um determinado ponto. A implementação neural das técnicas de interpolação polinomial atingiu um nível de desempenho comparável ao das técnicas tradicionais, mantendo uma complexidade computacional fixa.

Capítulo 4

Interpolação de imagens a cores

A interpolação de imagens a cores, também conhecida como demosaicking, é um passo crucial na conversão de imagens em bruto captadas por câmaras digitais com um conjunto de filtros de cor (CFA) em imagens a cores. Este processo envolve a estimativa dos componentes de cor em falta em cada pixel, tendo em conta os pixéis vizinhos. Para reduzir o custo e a complexidade das câmaras digitais, é utilizado um único dispositivo de carga acoplada (CCD) em vez de CCDs separados para cada cor primária. O CFA é constituído por filtros espectralmente selectivos dispostos num padrão intercalado, assegurando que cada pixel do sensor recolhe apenas uma das três componentes de cor primária. Nas câmaras fotográficas digitais, as imagens a cores são codificadas com base no padrão CFA e é efectuada uma interpolação subsequente para gerar imagens a cores. O padrão CFA mais utilizado é o padrão Bayer, que divide os pixels em dois grupos: pixels do canal verde (G) e pixels dos canais vermelho (R) e azul (B), que representam o sinal de crominância. Uma vez que apenas um elemento de cor está disponível em cada posição de pixel no padrão Bayer CFA, os elementos de cor em falta têm de ser estimados a partir dos pixéis circundantes. Os algoritmos de interpolação são utilizados para estimar os valores de cor em falta com base nos valores de cor conhecidos nos pixels vizinhos. A interpolação de imagens a cores desempenha um papel crucial na produção de imagens a cores de alta qualidade e visualmente agradáveis a partir dos dados em bruto captados por câmaras digitais com CFAs. Envolve algoritmos e técnicas sofisticados para estimar com precisão os componentes de cor em falta e reconstruir a informação de cor completa para cada pixel.

4.2 Matrizes de filtros de cor

Os primeiros filmes a cores utilizavam diferentes métodos para captar e reproduzir a cor. Uma abordagem envolvia a colocação de filtros de cor sobre filmes a preto e branco, utilizando partículas de amido tingidas de vermelho, verde e azul. Outro método utilizava riscas amarelas cruzadas por riscas azuis e vermelhas, com metade da área dedicada ao amarelo e o espaço entre as riscas amarelas dividido igualmente entre vermelho e azul. A película a cores moderna, por outro lado, utiliza camadas sucessivas que são sensíveis a cada cor. Isto implica a combinação de camadas de filtros que removem progressivamente os componentes da luz recebida com camadas de emulsão fotográfica que são sensíveis a cores específicas. Este princípio é ilustrado na Figura 4.1. Nas câmaras digitais, o padrão Bayer amplamente utilizado (Figura 4.2) emprega primárias subtractivas. Metade do número total de pixels é atribuído ao verde, enquanto um quarto é dedicado ao vermelho e outro quarto ao azul. Para captar informação de cor, o sensor de imagem a cores é coberto com um padrão repetitivo de filtros vermelhos, verdes ou azuis. O padrão Bayer, inventado pela Kodak, é uma disposição comummente adoptada, apresentando uma grelha repetitiva de 2x2. Durante a leitura do sensor de imagem, a sequência de píxeis segue um padrão de GRGRGR para uma linha e BGBGBG para a linha alternativa. Esta saída é conhecida como RGB sequencial (sRGB). Devido ao facto de cada pixel ser sensível a apenas uma cor, a sensibilidade global de um sensor de imagem a cores é inferior à de um sensor monocromático. Estes avanços na tecnologia das películas a cores e das câmaras digitais permitiram a captação e reprodução de imagens a cores de uma forma mais eficiente e precisa

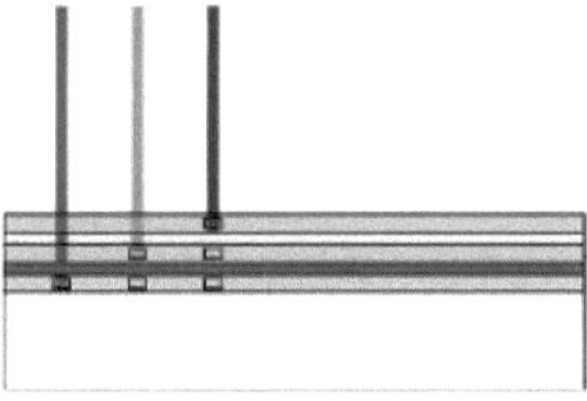

Figura 4.1 Camadas de filtros utilizadas para imagens a cores

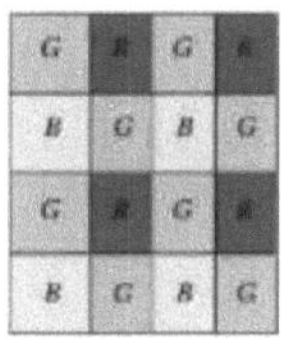

Figura 4.2 Padrão da CFA da Bayer

Os sensores monocromáticos são frequentemente preferidos para aplicações com pouca luz, como as câmaras de segurança, porque podem proporcionar uma maior sensibilidade e uma melhor qualidade de imagem em condições de pouca luz, em comparação com os sensores a cores. Ao utilizar um sensor monocromático, a câmara pode captar mais luz sem a necessidade de filtragem de cor, o que resulta num melhor desempenho em ambientes com pouca luz. O equilíbrio de brancos e a correção de cor são operações de processamento essenciais nas câmaras digitais para garantir uma reprodução de cor precisa. Enquanto os sensores de imagem detectam a luz de forma diferente do olho humano, os algoritmos de equilíbrio de brancos e correção de cor são utilizados para ajustar a imagem captada e torná-la mais fiel às cores da cena original. O equilíbrio de brancos é o processo de remoção de cores indesejadas causadas por diferentes condições de iluminação, como iluminação de tungsténio ou fluorescente. Garante que os objectos brancos aparecem verdadeiramente brancos na imagem final. Ao calibrar a temperatura da cor da imagem, o algoritmo de equilíbrio de brancos ajusta os canais de cor para obter uma representação de cor neutra. A correção de cor, por outro lado, aborda questões relacionadas com a fidelidade e precisão da cor. Ajusta os canais de cor para corresponder a um espaço de cor padrão, como sRGB ou Adobe RGB, e assegura que as cores da imagem são reproduzidas corretamente. Os algoritmos de correção de cor podem compensar as variações na resposta do sensor, as imprecisões de cor ou as alterações de cor causadas por condições de iluminação específicas. Estas operações de processamento, juntamente com outras técnicas de melhoramento de imagem, desempenham um papel crucial na produção de imagens de alta qualidade e visualmente precisas a partir de câmaras digitais, compensando as diferenças entre a resposta do sensor e a perceção das cores pelo olho humano.

4.2.1 Equilíbrio de brancos

O primeiro passo no processamento de dados de píxeis em bruto é, de facto, a realização de uma operação de balanço de brancos. O balanço de brancos assegura que os objectos brancos na imagem captada aparecem neutros e remove quaisquer cores indesejadas causadas por diferentes condições de iluminação. Existem diferentes métodos para efetuar o balanço de brancos, e dois métodos normalmente utilizados são o método do mundo cinzento e o método da mancha branca. No método do mundo cinzento, um objeto branco é captado e o seu histograma é analisado. O canal de cor com o nível mais alto (média) é considerado a média alvo. Os dois canais de cor restantes são então ajustados pela aplicação de multiplicadores de ganho para corresponder à média alvo. Por exemplo, se o canal verde tiver a média mais elevada, são aplicados ganhos aos canais vermelho e azul para os alinhar com o canal verde.

O método do mundo cinzento assume que o mundo é "cinzento" no sentido em que a distribuição das cores primárias (R, G, B) é igual. Embora este pressuposto possa não ser sempre verdadeiro, é uma abordagem comum utilizada para ajustes de balanço de brancos.

O método da mancha branca adopta uma abordagem ligeiramente diferente. Tenta localizar objectos na cena que são verdadeiramente brancos, assumindo que os pixels brancos são também os mais brilhantes em termos de intensidade ($I = R + G + B$). Ao considerar apenas a percentagem superior dos pixels mais brilhantes, os valores médios dos canais de cor podem ser calculados e os restantes canais são ajustados em conformidade. Ambos os métodos visam obter uma representação equilibrada das cores na imagem, alinhando os canais de cor e assegurando que os objectos brancos parecem neutros. A escolha do método a utilizar pode depender de factores como as condições de iluminação, a cena a ser captada e os requisitos específicos da aplicação ou do fotógrafo.

4.2.2 Interpolação Bayer

No processo de interpolação dos valores de cor em falta em cada posição de pixel no demosaicking, a interpolação linear pode ser utilizada para estimar os valores de vermelho (R) e azul (B) a partir dos vizinhos mais próximos da mesma cor. Há quatro casos possíveis para a interpolação, como mostrado na Figura 4.3. Quando se interpolam os valores em falta de R e B num pixel verde (G), como se mostra na Figura 4.3(a) e (b), são tomados os valores médios dos dois vizinhos mais próximos da mesma cor. Por exemplo, na Figura 4.3(a), a componente azul no pixel G central é estimada como a média dos pixéis azuis acima e abaixo do pixel G, enquanto a componente vermelha é estimada como a média dos dois pixéis vermelhos à esquerda e à direita do pixel G. A figura 4.3(c) ilustra um caso em que a componente azul deve ser estimada no pixel R central. Neste caso, toma-se a média dos quatro pixéis azuis mais próximos que rodeiam o pixel R. Do mesmo modo, para determinar o valor da componente vermelha no píxel B central da figura 4.3(d), calcula-se a média dos quatro píxeis vermelhos mais próximos que rodeiam o píxel B. O componente verde é interpolado de forma adaptativa a partir de um par de vizinhos mais próximos. O procedimento específico para a interpolação do verde pode variar em função do algoritmo de remoção de imagens por demosaico utilizado.

Estas técnicas de interpolação permitem estimar os componentes de cor em falta com base nos valores dos pixels vizinhos da mesma cor. Utilizando a interpolação, é possível reconstruir uma imagem a cores a partir da imagem em bruto captada pelo sensor com um conjunto de filtros de cor (CFA).

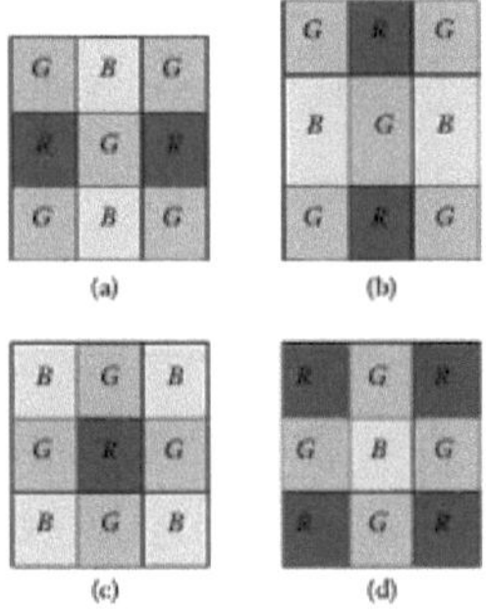

Figura 4.3 Quatro casos possíveis para a interpolação das componentes R e B.

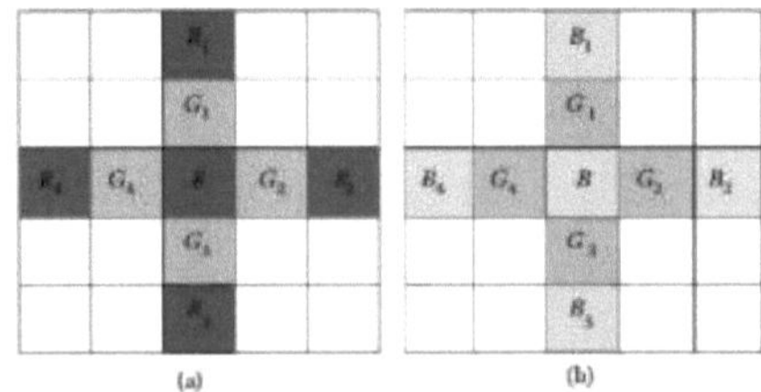

Figura 4.4 Dois casos possíveis para interpolar a componente G.

No processo de interpolação da componente verde no demosaicking, a correlação na componente vermelha é tida em conta. Dependendo da força da correlação nas direcções vertical e horizontal, são utilizados diferentes valores verdes vizinhos para a interpolação.

Se a diferença entre R1 e R3 (vizinhos verticais) for menor do que a diferença entre R2 e R4 (vizinhos horizontais), indicando uma correlação mais forte na direção vertical, a média dos vizinhos verticais G1 e G3 é utilizada para interpolar o valor de verde necessário. Do mesmo modo, se a correlação horizontal for maior, são utilizados os vizinhos horizontais. Se nenhuma das direcções dominar a correlação, são utilizados os quatro vizinhos.

Por exemplo, na Figura 4.4(b), a equação de interpolação para a componente verde seria

G = (G1 + G3) / 2 se |R1 - R3| < |R2 - R4| (4.1)

G = (G2 + G4) / 2 se |R1 - R3| > |R2 - R4| (4.2)

G = (G1 + G2 + G3 + G4) / 4 se |R1 - R3| = |R2 - R4| (4.2)

No entanto, se a velocidade de execução for uma preocupação importante, pode ser utilizado um método de interpolação linear mais simples sem adaptação. Neste método, o componente verde é interpolado a partir dos quatro vizinhos mais próximos, calculando a média dos seus valores:

G = (G1 + G2 + G3 + G4) / 4 (4.3)

De acordo com a Referência 45, este método de interpolação não adaptativo é duas vezes mais rápido do que o método adaptativo, mas pode introduzir cores falsas nas margens ou artefactos de fecho de correr. No entanto, o seu desempenho em imagens reais é apenas ligeiramente inferior. Para actualizações mais rápidas, é possível calcular a média de apenas dois dos quatro valores de verde.

4.3 Interpolação linear com correção de segunda ordem do Laplaciano

Na interpolação linear com correção Laplaciana de segunda ordem, é efectuado um refinamento adicional para melhorar a precisão dos valores interpolados. Esta correção tem em conta o operador Laplaciano, que mede a diferença entre o valor médio da vizinhança de um pixel e o valor do próprio pixel. Ao considerar essa diferença, os valores interpolados podem ser ajustados para melhor corresponder às características locais da imagem. Os passos envolvidos na interpolação linear com correção Laplaciana de segunda ordem são os seguintes

1. Efetuar a interpolação linear inicial utilizando os vizinhos mais próximos, como descrito anteriormente.

2. Calcule o operador Laplaciano para cada componente de cor interpolada (R, G, B) em cada posição de pixel. Isto é feito tomando a média dos vizinhos directos do pixel (superior, inferior, esquerdo, direito) e subtraindo o valor do próprio pixel.

3. Ajustar os valores interpolados com base no operador Laplaciano. O ajuste é realizado adicionando uma fração do valor Laplaciano a cada componente de cor interpolado. A fração é determinada por um fator de correção (normalmente um valor pequeno), que controla a intensidade da correção.

Os valores interpolados corrigidos são obtidos através da adição da fração do Laplaciano aos valores inicialmente interpolados. Esta correção ajuda a refinar as cores interpoladas, tendo em conta as características locais da imagem captadas pelo operador Laplaciano. A interpolação linear com correção de segunda ordem do Laplaciano melhora a precisão dos valores interpolados, incorporando informações sobre a estrutura da imagem. Pode ajudar a reduzir os artefactos e melhorar a qualidade visual da imagem interpolada.

$6H = |G4 - G6| + |(B5 - B3) - (B7 - B5)| \quad (4.4)$

$6V = |G2 - G8| + |(B5 - B1) - (B9 - B5)| \quad (4.5$

As equações (4.4) e (4.5) representam os cálculos das diferenças horizontal (6H) e vertical (6V), respetivamente, no contexto da interpolação linear com correção de segunda ordem do Laplaciano. Na equação (4.4), 6H representa a diferença horizontal e é calculada como a soma absoluta de dois termos:

1. |G4 - G6|: Este termo mede a diferença entre os valores de

verde (G) dos pixels G4 e G6, que são horizontalmente adjacentes ao pixel central. Ele captura a variação horizontal no componente verde.

2. $|(B5 - B3) - (B7 - B5)|$: Este termo calcula a diferença entre duas diferenças. A diferença interna $(B5 - B3)$ capta a variação vertical na componente azul (B) entre o pixel central e os seus dois pixels verticalmente adjacentes B3 e B5. A diferença externa $(B7 - B5)$ representa a variação vertical na componente azul entre B5 e o pixel B7, que é verticalmente adjacente a B5. Tomando a diferença absoluta destas duas diferenças obtém-se a variação vertical global da componente azul.

Da mesma forma, na equação (4.5), 5V representa a diferença vertical e é calculada como a soma absoluta de dois termos:

1. $|G2 - G8|$: Este termo mede a diferença entre os valores de verde dos pixels G2 e G8, que são verticalmente adjacentes ao pixel central. Ele captura a variação vertical no componente verde.

2. $|(B5 - B1) - (B9 - B5)|$: Este termo calcula a diferença entre duas diferenças. A diferença interna $(B5 - B1)$ captura a variação horizontal no componente azul entre o pixel central e seus dois pixels horizontalmente adjacentes B1 e B5. A diferença externa $(B9 - B5)$ representa a variação horizontal na componente azul entre B5 e o pixel B9, que é horizontalmente adjacente a B5. Tomando a diferença absoluta destas duas diferenças obtém-se a variação horizontal global da componente azul.

Ao calcular estas diferenças horizontais e verticais, a interpolação linear com correção Laplaciana de segunda ordem tem em conta as variações locais nas componentes verde e azul, permitindo um ajuste mais preciso das cores interpoladas.

4.4 Interpolação adaptativa de imagens a cores

A interpolação adaptativa de imagens a cores é uma técnica utilizada para melhorar a qualidade dos valores de cor interpolados numa imagem, tendo em conta as características locais e as correlações dos componentes de cor. O seu objetivo é produzir representações de cor mais precisas e visualmente mais agradáveis quando se interpolam valores de cor em falta. O algoritmo de interpolação adaptativa de imagens a cores segue normalmente estes passos:

1. Determine os componentes de cor em falta: Identificar os pixels na imagem com valores de cor em falta que precisam de ser interpolados. Isto baseia-se frequentemente no padrão específico da matriz de filtros de cor (CFA) utilizado no sensor de imagem.

2. Estimar os componentes de cor em falta a partir dos pixéis vizinhos: Os componentes de cor em falta são estimados através da análise dos pixels vizinhos que têm informação de cor disponível. O método de interpolação pode variar consoante o padrão CFA e as correlações entre os componentes de cor.

3. Avaliar as características e correlações locais: Analisar as características locais da região da imagem em torno do pixel em falta, tais como os valores de intensidade, gradientes e diferenças de cor. Avalie as correlações entre diferentes componentes de cor (por exemplo, RGB) para determinar a estratégia de interpolação adequada.

4. Selecionar um método de interpolação: Com base nas características e correlações locais, selecionar um método de interpolação que seja mais adequado para a região de imagem em causa. Podem ser utilizadas diferentes técnicas de interpolação, como a interpolação bilinear, bicúbica ou de ordem superior.

5. Efetuar a interpolação adaptativa: Aplicar o método de interpolação selecionado para estimar os componentes de cor em falta. A interpolação é efectuada utilizando os valores de cor dos pixels vizinhos e o método de interpolação determinado.

6. Repita o processo para todos os componentes de cor em falta: Iterar o processo de interpolação adaptativa para todos os pixels

com valores de cor em falta até que toda a imagem seja interpolada.

O objetivo da interpolação adaptativa de imagens a cores é ajustar adaptativamente o método e os parâmetros de interpolação com base nas características locais da imagem, melhorando assim a precisão e a qualidade visual dos valores de cor interpolados. Ao considerar as correlações entre os componentes de cor e o conteúdo local da imagem, esta técnica visa reduzir os artefactos, preservar os detalhes e produzir representações de cor mais naturais.

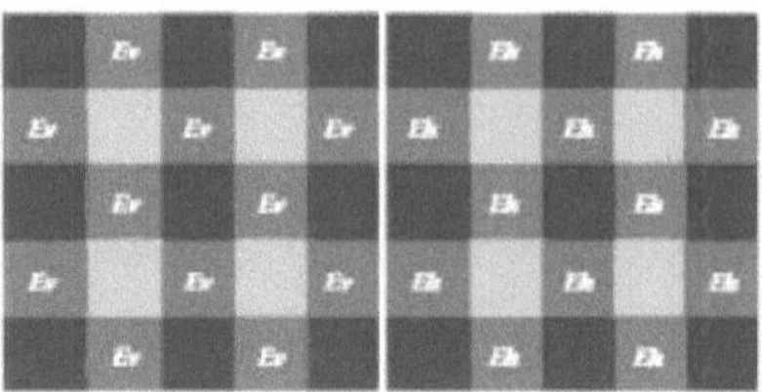

Figura 4.6 Mapas numéricos de arestas

B_{00}	G_{01}	B_{02}	G_{03}	B_{04}	G_{05}	B_{06}	G_{07}	B_{08}
G_{10}	R_{11}	G_{12}	R_{13}	G_{14}	R_{15}	G_{16}	R_{17}	G_{18}
B_{20}	G_{21}	B_{22}	G_{23}	B_{24}	G_{25}	B_{26}	G_{27}	B_{28}
G_{30}	R_{31}	G_{32}	R_{33}	G_{34}	R_{35}	G_{36}	R_{37}	G_{38}
B_{40}	G_{41}	B_{42}	G_{43}	B_{44}	G_{45}	B_{46}	G_{47}	B_{48}
G_{50}	R_{51}	G_{52}	R_{53}	G_{54}	R_{55}	G_{56}	R_{57}	G_{58}
B_{60}	G_{61}	B_{62}	G_{63}	B_{64}	G_{65}	B_{66}	G_{67}	B_{68}
G_{70}	R_{71}	G_{72}	R_{73}	G_{74}	R_{75}	G_{76}	R_{77}	G_{78}
B_{80}	G_{81}	B_{82}	G_{83}	B_{84}	G_{85}	B_{86}	G_{87}	B_{88}

Figura 4.7 Direcções de interpolação.

N	1	2	3	4
v_n	−1	−1	1	1
h_n	−1	1	1	−1

Tabela 4.1 Posições das amostras próximas para interpolação

No contexto da interpolação adaptativa de imagens a cores, para aumentar a sensibilidade dos bordos e captar informações mais precisas, pode ser utilizada uma técnica que considera 12 amostras para interpolação. Estas amostras estão dispostas em diferentes direcções, como ilustrado na Figura 4.7.

Por uma questão de conveniência, as direcções são numeradas de 1 a 12, como mostra a figura. A amostra mais próxima no mesmo plano de cor está a 2 ou 2,5 pixels de distância em cada direção da borda. No entanto, neste caso, apenas são consideradas as quatro amostras mais próximas da mesma cor nas direcções diagonais, uma vez que não existem amostras semelhantes nas outras oito direcções. As posições vertical e horizontal destas quatro amostras, indexadas de n = 1 a n = 4, relativamente à amostra que está a ser interpolada são fornecidas na Tabela 4.1.

Para calcular o indicador de aresta para a direção n, denotado como $En(i, j)$, é utilizada a seguinte fórmula

$$En(i, j) = |P(i + vn, j + hn) - P(i - vn, j - hn)| + |P(i + 2vn, j + 2hn) - P(i, j)| \quad (5.12)$$

Nesta equação, $P(i, j)$ representa a amostra na posição (i, j), enquanto hn e vn são as posições horizontal e vertical, respetivamente, da amostra mais próxima em relação à amostra que está a ser interpolada. Os valores específicos de hn e vn para cada direção podem ser consultados no quadro 4.1. Ao calcular os indicadores de borda com base nessas amostras vizinhas, o algoritmo de interpolação adaptativa de imagens coloridas pode incorporar informações de borda e ajustar o processo de interpolação de acordo. Isto permite uma melhor preservação das arestas e dos detalhes finos nos valores de cor interpolados.

Capítulo 5

Interpolação de imagens para reconhecimento de padrões

A interpolação de imagens para reconhecimento de padrões refere-se à utilização de técnicas de interpolação para melhorar os dados de imagem no contexto de tarefas de reconhecimento de padrões. O reconhecimento de padrões envolve a identificação e classificação automáticas de padrões ou objectos em imagens. No entanto, a qualidade e a resolução das imagens de entrada podem afetar significativamente o desempenho dos algoritmos de reconhecimento de padrões.

No reconhecimento de padrões, é frequentemente necessário pré-processar imagens para garantir que têm resoluções e qualidade consistentes. Isto é particularmente importante quando se trabalha com imagens de diferentes tamanhos ou quando as imagens têm informações em falta ou distorcidas. As técnicas de interpolação de imagens podem ser aplicadas para resolver estes desafios, gerando versões de alta resolução de imagens de baixa resolução ou preenchendo os dados em falta para melhorar a qualidade da imagem.

O objetivo da interpolação de imagens no reconhecimento de padrões é melhorar os detalhes da imagem, preservar características importantes e tornar a imagem mais adequada para os algoritmos de reconhecimento de padrões subsequentes. Para atingir estes objectivos, podem ser utilizados diferentes métodos de interpolação, como a interpolação bilinear, a interpolação bicúbica ou técnicas mais avançadas, como a interpolação spline ou a interpolação baseada em redes neuronais.

Aplicando técnicas de interpolação adequadas, os padrões e objectos nas imagens podem ser melhor representados, tornando-os mais facilmente reconhecíveis por algoritmos de reconhecimento de padrões. As imagens interpoladas podem também facilitar a extração de características discriminativas, melhorar a precisão da deteção e classificação de objectos e melhorar o desempenho geral dos sistemas de reconhecimento de padrões.

Figura 5.1 Exemplos de pontos de minúcias. (a) Fim da crista. (b) Bifurcação.

A interpolação de imagens pode ser aplicada no reconhecimento de padrões para resolver o problema da dimensão do armazenamento nas bases de dados. Ao armazenar versões reduzidas das imagens originais em tamanhos mais pequenos, a base de dados pode ser mais compacta. Quando necessário, as imagens originais podem ser reconstruídas através de técnicas de interpolação de imagens. Este conceito de guardar imagens com uma amostra reduzida pode ser aplicado a vários tipos de bases de dados, incluindo bases de dados de impressões digitais e minas terrestres com imagens à escala de cinzentos, bem como bases de dados de flores e retinas com imagens a cores.

As impressões digitais, em particular, são amplamente utilizadas para efeitos de identificação e autenticação em sistemas biométricos. São altamente fiáveis devido à sua singularidade e permanência. A impressão digital de cada indivíduo é considerada única e, em geral, mantém-se inalterada ao longo da vida, exceto em casos de ferimentos significativos que resultem numa cicatriz permanente.

As impressões digitais apresentam padrões gráficos de cristas e vales localmente paralelos com orientações bem definidas nas superfícies das pontas dos dedos. Estes padrões podem formar várias configurações, como laços, espirais ou arcos. Armazenando versões com amostragem reduzida de imagens de impressões digitais e aplicando a interpolação de imagens quando necessário, as imagens originais das impressões digitais podem ser reconstruídas para efeitos de comparação e identificação. Esta abordagem não só ajuda a reduzir os requisitos de armazenamento das bases de dados de impressões digitais, como também permite a recuperação e comparação eficientes das impressões digitais, possibilitando uma identificação e autenticação fiáveis em sistemas biométricos.

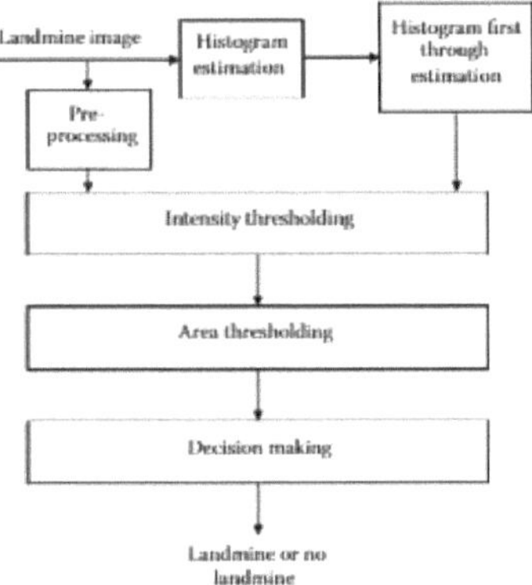

Figura 5.2 Etapas da técnica tradicional de deteção de minas terrestres.

Na deteção de minas terrestres, uma abordagem comum envolve a utilização da limiarização da intensidade para remover o fundo escuro e revelar os objectos de interesse, ou seja, as minas terrestres, na imagem. Este processo de limiarização ajuda a eliminar o ruído indesejado e a desordem da imagem. Adicionalmente, um passo de limiarização de área baseado nas dimensões esperadas dos objectos é executado para remover a desordem de pequenas áreas que possam ainda permanecer após a limiarização de intensidade. Podem também ser aplicadas técnicas de pré-processamento, como operações morfológicas, antes da etapa de limiarização para melhorar ainda mais o processo de deteção. No entanto, os métodos tradicionais de deteção de minas terrestres baseados unicamente em informações geométricas têm certas limitações. A limiarização da intensidade pode não eliminar completamente todos os ruídos ou interferências indesejáveis, conduzindo a potenciais falsos alarmes ou à não deteção de minas terrestres. O processo de limiarização da área baseia-se em valores de limiar específicos que podem variar de imagem para imagem, o que introduz ainda mais a possibilidade de falsos alarmes ou detecções falhadas.

É importante notar que as técnicas tradicionais de deteção de minas terrestres acima referidas não têm normalmente em conta a presença de ruído nas imagens. O ruído pode ter um impacto significativo no desempenho da deteção, mas é um aspeto que raramente tem sido estudado neste domínio de investigação. Para resolver estas limitações e melhorar a precisão da deteção de minas terrestres, os investigadores exploraram várias abordagens, incluindo a utilização de técnicas de pré-processamento como as operações morfológicas. A inclusão do pré-processamento morfológico pode aumentar a probabilidade de deteção de minas terrestres para cerca de 97%, mantendo uma baixa taxa de falsos alarmes. No entanto, é de notar que estas probabilidades são comunicadas no pressuposto da ausência de ruído.

São necessários mais estudos e investigações sobre os efeitos do ruído nos sistemas de deteção de minas terrestres para desenvolver técnicas mais robustas e fiáveis em cenários reais.

5.2 Reconhecimento de padrões cepstrais

Num sistema de reconhecimento de padrões, o processo de extração e correspondência de características desempenha um papel crucial na classificação. O sistema funciona em dois modos: treino e reconhecimento, e ambos os modos envolvem a extração de características. Um extrator de características toma um sinal digital unidimensional (1-D) como entrada e converte-o numa sequência de descritores numéricos denominados vectores de características. São utilizadas várias técnicas de extração de características em sistemas de reconhecimento de sinais, incluindo coeficientes de previsão linear (LPC), coeficientes cepstrais de previsão linear (LPCC), análise preditiva linear percetual (PLP) e coeficientes cepstrais de frequência mel (MFCC). Estas técnicas ajudam a captar a informação caraterística do sinal de entrada, ao mesmo tempo que removem pormenores desnecessários. O processo de classificação consiste em duas fases: modelação de imagens e correspondência de padrões. No modo de treino, cada imagem é modelada utilizando um conjunto de amostras de dados, a partir das quais é gerado um conjunto de vectores de características que é armazenado numa base de dados. As características são extraídas dos dados de treino, concentrando-se na informação relevante para a construção de modelos de imagem. Quando chega uma amostra de dados desconhecida, são utilizadas técnicas de correspondência de padrões para mapear as características da amostra de entrada para um modelo correspondente a um padrão conhecido. Isto permite o reconhecimento e a classificação da amostra de entrada com base na sua semelhança com os modelos armazenados. No contexto do capítulo em apreço, o reconhecimento de padrões baseia-se nos MFCC (coeficientes cepstrais de frequência mel). As etapas envolvidas no sistema de reconhecimento cepstral podem ser resumidas da seguinte forma:

1. A imagem é convertida num sinal 1-D.

2. O sinal 1-D obtido pode ser utilizado no domínio do tempo ou transformado noutro domínio de transformação discreta, como a transformada discreta de cosseno (DCT), a transformada discreta de seno (DST) ou a transformada discreta de wavelet (DWT).

3. Os MFCCs e os coeficientes de forma polinomial são extraídos

do sinal 1-D, da transformada discreta do sinal, ou de ambos.

Estas características extraídas servem como uma representação da imagem, captando as suas características distintivas. Os vectores de características podem então ser utilizados para fins de classificação e reconhecimento, fazendo a correspondência com os modelos armazenados para determinar a correspondência mais próxima. A Figura 5.3 do capítulo descreve as etapas do sistema de reconhecimento cepstral, ilustrando o fluxo de extração de características e correspondência de padrões.

5.3 Extração de características

Neste capítulo, o conceito de extração de características utilizando MFCCs (coeficientes cepstrais de mel-frequência) é aplicado não só a sinais de fala mas também a imagens de padrões. Embora os MFCCs sejam normalmente utilizados na identificação de locutores para captar propriedades de baixo nível dos sinais de fala, também podem ser utilizados na análise de imagens de padrões. Tal como os sinais de fala, as imagens de padrões são convertidas em sinais 1-D neste capítulo. Esta conversão permite a aplicação de técnicas de processamento de sinais, incluindo a extração de MFCC, que é tipicamente utilizada na análise da fala. Ao tratar as imagens de padrões como sinais 1-D, torna-se possível aproveitar os mesmos métodos de extração de características utilizados no reconhecimento de voz e aplicá-los ao domínio do reconhecimento de padrões. Ao extrair MFCCs da representação 1-D de imagens de padrões, a informação relevante e as características distintivas dos padrões podem ser captadas sob a forma de descritores numéricos. Estes vectores de características baseados em MFCC podem então ser utilizados para várias tarefas de reconhecimento de padrões, como a classificação, a correspondência ou a identificação. A utilização da extração de características baseada em MFCC no contexto de imagens de padrões alarga a aplicação desta técnica para além da análise da fala, permitindo o reconhecimento e a classificação de padrões com base nas suas propriedades de baixo nível. Esta abordagem permite a adaptação de métodos bem estabelecidos do reconhecimento da fala ao domínio do reconhecimento de padrões

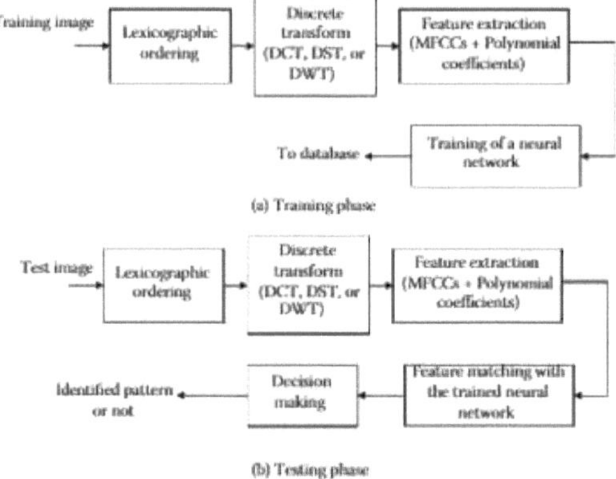

Figura 5.3 Diagrama do sistema de reconhecimento de padrões cepstrais

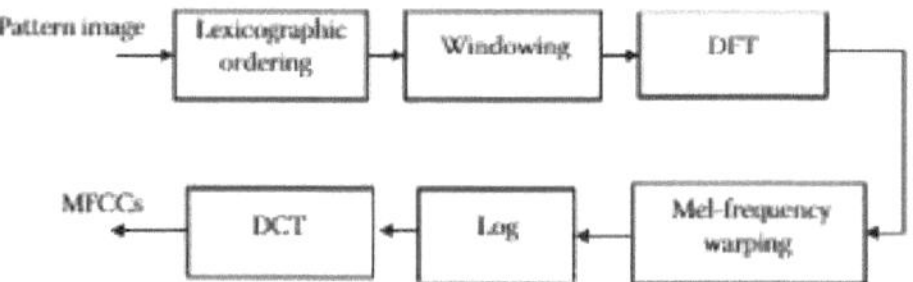

Figura 5.4 Extração de MFCCs da imagem.

5.3.1 Extração de MFCCs

A extração de MFCCs (coeficientes cepstrais de mel-frequência) de uma imagem envolve várias etapas, conforme ilustrado na Figura 6.4. Estes passos são resumidos de seguida:

1. Ordenação lexicográfica: A imagem é convertida num sinal 1D através da aplicação de uma ordenação lexicográfica, que determina a ordem pela qual os pixéis são dispostos na representação 1-D.

2. Corte com uma janela: O sinal 1-D obtido é dividido em segmentos mais pequenos utilizando uma função de janela pré-

determinada. Esta janela ajuda a analisar o sinal em intervalos de tempo mais pequenos.

3. Transformada rápida de Fourier (FFT): A FFT é efectuada em cada segmento janelado do sinal. Isto transforma o sinal do domínio do tempo para o domínio da frequência, fornecendo informações sobre o conteúdo espetral em diferentes frequências.

4. Aplicação do banco de filtros Mel: Os resultados da FFT são multiplicados por um conjunto de bancos de filtros baseados na escala mel. A escala mel é uma escala percetual que se aproxima da resposta do sistema auditivo humano a diferentes frequências. O banco de filtros mel divide efetivamente o espetro em bandas de frequências mel.

5. Operação de logaritmo: O logaritmo dos valores filtrados é tomado para comprimir a gama dinâmica do espetro. Esta operação melhora a representação das amplitudes mais baixas e reduz a influência das amplitudes mais elevadas.

6. Transformada discreta do cosseno (DCT): A DCT é aplicada ao espetro logarítmico filtrado por mel. A DCT converte o espetro do domínio da frequência para o domínio cepstral, onde os coeficientes representam a forma do espetro.

7. Extração do vetor de características: Um subconjunto dos coeficientes DCT resultantes é selecionado como MFCCs, representando as características da imagem. Normalmente, são seleccionados os coeficientes de ordem inferior, que captam a informação global sobre a forma.

Seguindo estes passos, os MFCCs são obtidos como descritores numéricos que captam informações relevantes sobre as características espectrais da imagem. Estes coeficientes podem então ser utilizados como características para várias tarefas de reconhecimento de padrões, como a identificação de oradores ou a classificação de imagens.

5.3.1.1. Enquadramento e janelamento

Após a ordenação lexicográfica de uma imagem num sinal 1-D, o sinal é dividido em segmentos de tempo curtos chamados fotogramas. Para garantir variações suaves entre quadros, uma prática comum é ter uma sobreposição de 50% entre cada par de quadros adjacentes. Isto significa que cada fotograma partilha 50% dos seus dados com o fotograma anterior e 50% com o fotograma seguinte.

O janelamento é então aplicado a cada fotograma utilizando janelas populares de processamento de sinais, como a janela de Hamming. O objetivo do janelamento é melhorar a continuidade entre fotogramas adjacentes e reduzir as alterações abruptas nos limites dos fotogramas. Ao multiplicar o fotograma por uma função de janela, os dados nas extremidades do fotograma são afunilados, o que ajuda a minimizar os artefactos causados por transições súbitas.

No entanto, o janelamento pode levar a uma perda de informação nas extremidades do fotograma, uma vez que a janela afunilada reduz a importância dos dados nessas regiões. Para resolver este problema, é introduzida a sobreposição entre fotogramas. Isto significa que as secções entre fotogramas incluem partes dos dados do fotograma atual. Por outras palavras, os bordos do fotograma atual são incluídos como dados centrais nos fotogramas adjacentes. Ao permitir essa sobreposição, é possível recuperar parte das informações perdidas nas bordas do quadro.

Normalmente, uma sobreposição de 50% é considerada suficiente para atenuar a perda de informação e assegurar uma transição suave entre fotogramas. Esta técnica de sobreposição ajuda a preservar a continuidade temporal do sinal e fornece uma representação mais robusta para análise posterior, como a extração de MFCCs para tarefas de reconhecimento de padrões.

5.3.1.2 Transformada discreta de Fourier

A Transformada Discreta de Fourier (DFT) é uma transformação matemática utilizada para converter um sinal de tempo discreto da sua representação no domínio do tempo para a sua representação no domínio da frequência. Permite-nos analisar os componentes de frequência presentes num sinal. A DFT é uma versão discreta da transformada de Fourier, que é aplicável a sinais de tempo contínuo.

Matematicamente, a DFT de uma sequência x[n] de N amostras é dada pela fórmula:

X[k] = Z[n=0 a N-1] x[n] * exp(-j * 2n * k * n / N)

onde X[k] representa o espetro complexo no índice de frequência k, x[n] é a sequência de entrada, j é a unidade imaginária (V(- 1)) e N é o número de amostras na sequência.

A DFT decompõe essencialmente o sinal de entrada numa soma de sinusóides complexas com diferentes frequências. O espetro resultante fornece informações sobre a magnitude e a fase de cada componente de frequência presente no sinal de entrada. A DFT inversa (IDFT) pode ser utilizada para reconstruir o sinal original no domínio do tempo a partir da sua representação no domínio da frequência. A IDFT é dada pela fórmula:

x[n] = (1/N) * E[k=0 a N-1] X[k] * exp(j * 2n * k * n / N)

em que x[n] é a sequência reconstruída e X[k] é a representação no domínio da frequência.

A DFT e a IDFT são amplamente utilizadas em várias aplicações, incluindo processamento de sinais, comunicações, processamento de áudio, processamento de imagens e muitas outras áreas em que a análise de componentes de frequência é importante. Constituem a base de técnicas como a análise espetral, a filtragem e a modulação/demodulação. Algoritmos eficientes, como a Transformada Rápida de Fourier (FFT), são normalmente utilizados para calcular a DFT e a IDFT devido à sua eficiência computacional.

5.3.1.3 Banco de filtros Mel

No processamento de sinais, um banco de filtros Mel é um conjunto de filtros que imita a perceção de frequências do sistema auditivo humano. É normalmente utilizado em aplicações de processamento de áudio e fala, incluindo o reconhecimento de oradores e a classificação de géneros musicais. O banco de filtros Mel é concebido com base na escala Mel, que é uma escala perceptiva de tons que se aproxima da resposta do ouvido humano a diferentes frequências. A escala de Mel é não linear e enfatiza mais as frequências mais baixas do que as mais altas, uma vez que está mais alinhada com a perceção humana. O banco de filtros Mel consiste em uma série de filtros triangulares que são espaçados uniformemente na escala Mel. As frequências centrais dos filtros são normalmente colocadas em valores específicos da escala Mel. O número de filtros no banco é determinado com base na resolução de frequência desejada e nos requisitos da aplicação. Para construir cada filtro no banco de filtros Mel, é aplicada uma janela triangular ao espetro de frequência. A largura e a forma da janela triangular são determinadas pelas posições dos filtros vizinhos. Os filtros são concebidos de modo a sobreporem-se para captar a energia em regiões de frequência adjacentes. A saída do banco de filtros Mel é obtida através da convolução do espetro de frequência do sinal de entrada com cada filtro do banco. Este processo extrai a energia ou magnitude do sinal dentro de cada banda de frequência. A saída resultante é um conjunto de coeficientes do banco de filtros que representam o conteúdo espetral do sinal de entrada numa representação baseada na escala de Mel. Os bancos de filtros Mel são frequentemente utilizados como uma etapa de pré-processamento na extração de características para sinais de áudio e fala. Os coeficientes do banco de filtros, juntamente com outras características como os coeficientes cepstrais de frequência de Mel (MFCCs), são normalmente utilizados em várias tarefas de reconhecimento de padrões, incluindo o reconhecimento da fala, a identificação do locutor e a análise musical. Em geral, o banco de filtros Mel fornece uma forma de analisar o conteúdo de frequência de um sinal com base na perceção humana e provou ser eficaz na captação de características espectrais importantes para várias aplicações de processamento de áudio.

6.3.1.4 Transformada discreta do cosseno

A Transformada Discreta de Cosseno (DCT) é uma técnica de transformação muito utilizada no processamento de sinais e imagens. É particularmente conhecida pela sua aplicação em algoritmos de compressão com perdas, como o JPEG para compressão de imagens e o MP3 para compressão de áudio. Semelhante à Transformada Discreta de Fourier (DFT), a DCT transforma um sinal do domínio temporal ou espacial para o domínio da frequência ou espetral. No entanto, a DCT concentra-se em sinais de valor real e é frequentemente mais adequada para a representação compacta de sinais com concentração de energia nos componentes de frequência mais baixa. A DCT opera numa sequência finita de pontos de dados e produz um conjunto de coeficientes que representam o sinal no domínio da frequência. Os coeficientes da DCT indicam as amplitudes dos diferentes componentes de frequência presentes no sinal. A forma mais comummente utilizada de DCT é a DCT-II, também designada por "DCT". É definida como uma combinação linear de funções cosseno com frequências crescentes. A fórmula para a DCT-II de um sinal x[n] de comprimento N é dada por:

X[k] = sqrt(2/N) * alpha(k) * Sum[x[n] * cos((pi/N) * (n + 0,5) * k), {n, 0, N-1}]

em que X[k] é o k-ésimo coeficiente DCT, alfa(k) é um fator de escala que depende do valor de k (alfa(0) = 1/sqrt(2), alfa(k) = 1 para k > 0), e a soma é feita sobre todos os pontos de dados do sinal.

Os coeficientes da DCT são normalmente calculados utilizando algoritmos rápidos, como o algoritmo da transformada rápida de Fourier (FFT), para melhorar a eficiência computacional. A DCT é amplamente utilizada na compressão de sinais e imagens porque fornece uma representação compacta do sinal, concentrando a maior parte da energia do sinal em alguns coeficientes de baixa frequência. Descartando ou quantizando os coeficientes de frequência mais alta, o sinal pode ser comprimido de forma eficiente, mantendo a qualidade percetual até certo ponto. Para além da compressão, a DCT também encontra aplicações noutras áreas, como o processamento de imagem e vídeo, a extração de características e o reconhecimento de padrões. Em geral, a Transformada Discreta de Cosseno é uma ferramenta valiosa no processamento de sinais e imagens, permitindo a representação e compressão eficientes de sinais com foco em dados de valor real e concentração de energia em frequências mais baixas.

5.3.2 Coeficientes polinomiais

Os coeficientes polinomiais, também conhecidos como características polinomiais, são outro conjunto de características utilizadas no reconhecimento de padrões e no processamento de sinais. São derivados da representação polinomial de um sinal ou imagem. Um polinómio é uma expressão matemática constituída por variáveis e coeficientes, combinados através de operações de adição, subtração e multiplicação. No contexto do processamento de sinais e imagens, os polinómios podem ser utilizados para modelar e representar sinais ou imagens. Os coeficientes polinomiais são obtidos através da adaptação de uma função polinomial aos dados do sinal ou da imagem. A função polinomial pode ser de diferentes ordens, tais como polinómios lineares, quadráticos ou de ordem superior, dependendo da complexidade dos dados e do nível de representação desejado. O processo de obtenção dos coeficientes polinomiais consiste em encontrar a curva polinomial que melhor se ajusta aos pontos de dados fornecidos. Isto pode ser feito utilizando várias técnicas, como a regressão por mínimos quadrados ou a interpolação polinomial. Uma vez obtidos os coeficientes polinomiais, estes servem como características que captam as características do sinal ou da imagem. Estes coeficientes podem ser utilizados para vários fins, incluindo a extração de características, o reconhecimento de padrões e a classificação.

No reconhecimento de padrões, os coeficientes polinomiais podem ser utilizados juntamente com outras características para descrever e diferenciar entre diferentes padrões ou classes. Fornecem informações sobre a forma, a tendência e as variações dos dados, que podem ser úteis para os algoritmos de classificação tomarem decisões exactas. Os coeficientes polinomiais também podem ser utilizados para a eliminação de ruído e suavização de sinais ou imagens. Ajustando uma curva polinomial aos dados ruidosos e utilizando os coeficientes, o sinal original subjacente pode ser estimado, removendo ou reduzindo os componentes de ruído.

Em resumo, os coeficientes polinomiais são um conjunto de características derivadas da adaptação de uma função polinomial a dados de sinais ou imagens. Capturam características importantes dos dados e podem ser utilizados para vários fins, incluindo o reconhecimento de padrões, a classificação e a redução de ruído.

5.4 Modelo de degradação LR de observação múltipla

O modelo de degradação LR (rácio de verosimilhança) de observações múltiplas é um modelo estatístico utilizado no reconhecimento de padrões e no processamento de sinais para quantificar a degradação do rácio de verosimilhança devido a observações múltiplas. No reconhecimento de padrões, o rácio de verosimilhança é uma medida que compara a probabilidade de um determinado padrão pertencer a uma classe (hipótese) versus outra classe. É normalmente utilizado em problemas de classificação binária, em que o objetivo é determinar a qual de duas classes pertence um padrão. No entanto, em cenários práticos, a qualidade e a fiabilidade das observações ou medições utilizadas para calcular o rácio de verosimilhança podem variar. O modelo Multiple Observation LR Degradation tem em conta o efeito de múltiplas observações imperfeitas na exatidão do rácio de verosimilhança. O modelo assume que cada observação segue uma distribuição específica, e o rácio de verosimilhança é calculado com base nessas distribuições. A degradação do rácio de verosimilhança ocorre devido a vários factores, tais como ruído, erros de medição ou incertezas nas observações. O modelo Multiple Observation LR Degradation caracteriza a degradação através da modelação da relação entre o rácio de verosimilhança ideal (com observações perfeitas) e o rácio de verosimilhança observado. Estima a forma como o rácio de verosimilhança observado se desvia do caso ideal, tendo em conta as propriedades estatísticas das observações. O modelo fornece um quadro para analisar e quantificar o impacto de múltiplas observações imperfeitas na exatidão do rácio de verosimilhança. Permite a avaliação do desempenho dos sistemas de classificação em condições realistas em que as observações podem ser degradadas ou não fiáveis. Ao incorporar o modelo Multiple Observation LR Degradation nos algoritmos de reconhecimento de padrões, é possível ter em conta as incertezas das observações e tomar decisões mais robustas e precisas. Isto pode ser particularmente benéfico em aplicações como a biometria, a vigilância ou o reconhecimento de voz, em que a qualidade das observações pode variar devido a vários factores.

5.5 Super-resolução de imagens com base em ondaletas

A super-resolução de imagens baseada em wavelets é uma técnica utilizada para melhorar a resolução e a qualidade de imagens de baixa resolução. Utiliza as propriedades das transformadas wavelet para efetuar o processo de super-resolução. A ideia básica subjacente à super-resolução baseada em ondaletas consiste em explorar a natureza de resolução múltipla das transformadas de ondaletas. Uma transformada wavelet decompõe uma imagem em diferentes sub-bandas de frequência, captando tanto os componentes de baixa como de alta frequência. Ao aplicar a transformada wavelet a uma imagem de baixa resolução, é possível extrair a informação detalhada a diferentes escalas.

O processo de super-resolução baseado em wavelets envolve normalmente os seguintes passos:

1. Decomposição da imagem: A imagem de baixa resolução é decomposta utilizando uma transformada wavelet em várias sub-bandas. Esta decomposição cria uma representação multi-resolução da imagem, com cada sub-banda a captar informação numa escala de frequência específica.

2. Processamento de sub-bandas: Os coeficientes wavelet nas sub-bandas de alta frequência, que contêm as informações detalhadas, são modificados ou melhorados para gerar detalhes de alta resolução. Várias técnicas podem ser aplicadas, como interpolação, filtragem ou estimativa estatística, para estimar e refinar os detalhes de alta resolução.

3. Reconstrução da imagem: Os coeficientes wavelet modificados são combinados com a sub-banda de aproximação de baixa resolução para reconstruir uma imagem de alta resolução. Este processo de reconstrução utiliza transformadas wavelet inversas para combinar as sub-bandas e gerar uma versão de maior resolução da imagem de entrada.

4. Pós-processamento: Podem ser aplicados passos adicionais de pós-processamento para melhorar ainda mais a qualidade da imagem reconstruída de alta resolução. Isto pode incluir técnicas como denoising, sharpening ou ajuste de contraste.

As técnicas de super-resolução baseadas em wavelets oferecem vantagens em relação aos métodos tradicionais baseados em interpolação. A transformada wavelet proporciona uma representação mais flexível dos detalhes da imagem em diferentes escalas, permitindo uma estimativa mais precisa e o melhoramento dos componentes de alta frequência.

Isto pode levar a uma melhor nitidez, preservação da textura e qualidade visual geral na imagem reconstruída de alta resolução. No entanto, a super-resolução baseada em wavelets também apresenta desafios, como a seleção de filtros de wavelets adequados, o equilíbrio entre a melhoria da resolução e a amplificação do ruído e a complexidade computacional. Os investigadores continuam a explorar e a desenvolver algoritmos avançados baseados em wavelets e variações para enfrentar estes desafios e melhorar ainda mais o desempenho da super-resolução de imagens. Em conclusão, a super-resolução de imagens com base em wavelets utiliza a transformada wavelet para decompor, processar e reconstruir imagens de baixa resolução com resolução e qualidade melhoradas. É uma técnica poderosa para melhorar os detalhes da imagem e é amplamente utilizada em várias aplicações, incluindo imagiologia médica, deteção remota e fotografia digital.

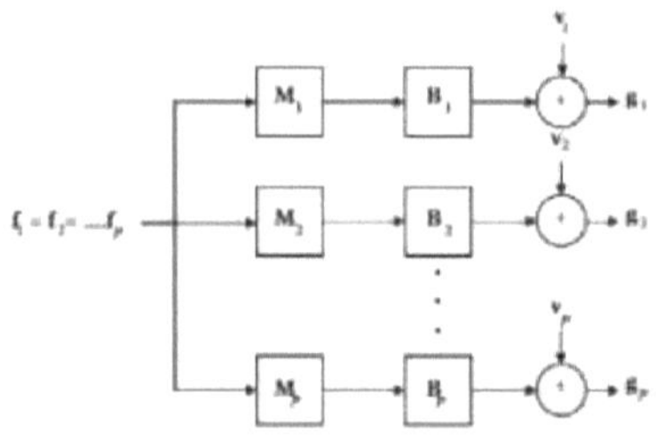

Figura 5.5 Modelos de degradação de imagem multicanal

5.6 Restauração de imagens multicanal

O restauro de imagens multicanal refere-se ao processo de restauro ou melhoramento de vários canais ou componentes de cor de uma imagem em simultâneo. Envolve o restauro de imagens a cores ou imagens multi-espectrais, em que cada canal representa uma cor ou banda espetral diferente. No restauro de imagens multicanais, o objetivo é melhorar a qualidade e a fidelidade de todos os canais em simultâneo, tendo em conta as suas interdependências e correlações. As técnicas de restauro têm em conta as características espaciais e espectrais dos dados da imagem para obter melhores resultados. Os principais desafios no restauro de imagens multicanal incluem a redução do ruído, a desfocagem, a remoção de artefactos e o melhoramento geral da imagem.

São utilizadas diferentes abordagens e algoritmos para responder a estes desafios, incluindo:

1. Restauração espacial-espetral: Esta abordagem considera tanto a informação espacial como espetral da imagem para restaurar cada canal. Tem em conta as correlações e dependências entre canais para orientar o processo de restauro.

2. Filtragem conjunta: As técnicas de filtragem conjunta exploram as correlações entre canais através do processamento simultâneo de todos os canais. O seu objetivo é preservar a consistência e a coerência entre os canais, removendo simultaneamente o ruído ou outras distorções.

3. Deconvolução multi-canal: Deconvolução

Os algoritmos de deconvolução multicanal são utilizados para remover a desfocagem ou restaurar a nitidez da imagem. Na deconvolução multicanal, as características da desfocagem são estimadas e aplicadas a todos os canais para garantir um restauro consistente.

4. Correção e melhoramento da cor: Nas imagens a cores, as técnicas de correção e melhoramento da cor são aplicadas para ajustar o equilíbrio da cor, o contraste e a saturação de cada canal. Estas técnicas têm como objetivo melhorar o aspeto visual e a qualidade geral da imagem.

5. Fusão multi-espetral: No caso das imagens multi-espectrais, as técnicas de fusão são utilizadas para combinar a informação de diferentes bandas espectrais numa única imagem melhorada. Estas técnicas têm por objetivo melhorar a visibilidade de características específicas ou extrair informações valiosas dos dados multiespectrais.

O restauro de imagens multicanais é amplamente utilizado em vários domínios, incluindo imagiologia médica, deteção remota, vigilância e fotografia digital. Desempenha um papel crucial na melhoria da exatidão e interpretabilidade dos dados de imagens multicanais e permite uma melhor análise e tomada de decisões com base nas imagens melhoradas. Os investigadores e os profissionais continuam a desenvolver algoritmos e metodologias avançados para o restauro de imagens multicanais, a fim de dar resposta a desafios específicos em diferentes aplicações. Estes avanços têm como objetivo obter um restauro de maior qualidade, preservar informações mais detalhadas e melhorar o aspeto visual geral das imagens.

5.6.1 Restauração LMMSE multicanal

A restauração multicanal LMMSE (Linear Minimum Mean Square Error) é uma técnica utilizada para a restauração de imagens no contexto de imagens multicanal ou a cores. O seu objetivo é estimar a imagem original a partir das observações degradadas ou ruidosas, minimizando o erro quadrático médio. A abordagem de restauro LMMSE tira partido das propriedades estatísticas da imagem e do ruído para obter resultados de restauro óptimos. Assume que o processo de degradação pode ser modelado como uma transformação linear combinada com ruído aditivo. O algoritmo de restauro utiliza um conjunto de canais ruidosos observados e as suas correspondentes funções de dispersão de pontos (PSF) para estimar a verdadeira imagem subjacente.

As principais etapas envolvidas na restauração LMMSE multicanal são as seguintes:

1. Estimativa das estatísticas de ruído: As características do ruído em cada canal são estimadas utilizando uma técnica de estimativa de ruído local ou global. As estatísticas de ruído desempenham um papel crucial no processo de restauração.

2. Estimativa de PSF: As funções de dispersão de pontos (PSFs) para cada canal são estimadas. Estas PSFs descrevem a desfocagem ou a degradação introduzida pelo sistema de imagiologia. A estimativa pode ser efectuada utilizando dados de calibração ou estimada a partir dos próprios dados observados.

3. Estimativa da covariância entre canais: A matriz de covariância entre canais é estimada, o que representa as correlações entre diferentes canais. Capta as relações espaciais e as dependências entre componentes de cor ou espectrais.

4. Filtragem de Wiener: O filtro de Wiener é aplicado no domínio da frequência a cada canal para suprimir o ruído e restaurar a imagem. Os coeficientes do filtro são calculados com base nas estatísticas de ruído estimadas, PSFs e matriz de covariância entre canais.

5. Correção e melhoria da cor: Os passos de pós-processamento, como a correção e o melhoramento da cor, podem ser aplicados à imagem restaurada para melhorar a sua qualidade visual e fidelidade de cor. Estes passos têm como objetivo ajustar o equilíbrio, o contraste e a saturação da cor.

A técnica de restauro multi-canal LMMSE fornece uma estrutura de princípios para restaurar imagens multi-canal ou a cores, explorando as propriedades estatísticas da imagem e do ruído. Oferece uma solução óptima em termos de erro quadrático médio e pode restaurar eficazmente os detalhes e preservar a cor e a informação espacial da imagem original. É de salientar que existem variações e extensões da abordagem LMMSE, como os métodos baseados em médias não locais (NLM) e em representações esparsas, que incorporam factores de antecipação adicionais ou restrições de esparsidade para melhorar ainda mais os resultados do restauro. Estas variações adaptam a estrutura LMMSE às características específicas da imagem e aos modelos de ruído encontrados em diferentes aplicações. O algoritmo LMMSE (Linear Minimum Mean Square Error) pode ser aplicado para resolver o problema do restauro de imagens multicanal, substituindo o operador D pelo operador H. A solução LMMSE para a Equação (10.10) é dada pela seguinte equação:

"f = RHR[H(RH R)]A-1g + ft

Nesta equação, Rf e Rn são as matrizes de correlação de imagem multicanal e de ruído, respetivamente. Têm dimensões de $(PM^A 2)$ x $(PM^A 2)$ e são definidas como:

Rf = [HRH R]

Rn = o $2I^A$

Aqui, $QA2$ representa a variância do ruído em cada canal, e I é a matriz identidade. O algoritmo LMMSE tem como objetivo estimar a imagem restaurada "f" utilizando as matrizes de correlação e a imagem multicanal observada g. O termo ft representa a informação prévia ou a estimativa prévia da imagem. Com a aplicação do algoritmo LMMSE, é possível melhorar a restauração de imagens multicanais, levando em conta as correlações entre os diferentes canais e minimizando o erro quadrático médio entre a imagem restaurada e a imagem observada.

5.6.2 Restauração de entropia máxima multicanal

A Restauração de Máxima Entropia Multi-Canal é uma técnica utilizada para a restauração de imagens na presença de ruído e desfoque. Baseia-se no princípio da máxima entropia, que tem como objetivo encontrar a solução mais provável tendo em conta os dados observados e determinadas restrições. Nesta técnica, o problema do restauro é formulado como um problema de otimização, em que o objetivo é encontrar a imagem restaurada que maximiza a entropia, satisfazendo os dados observados e qualquer conhecimento prévio ou restrições. O processo de restauro envolve a estimativa dos parâmetros de um modelo estatístico que representa a imagem subjacente. Este modelo capta as dependências e correlações entre os diferentes canais da imagem. O algoritmo de restauro procura então encontrar a solução óptima que maximiza a entropia da imagem restaurada, sujeita aos dados observados e a quaisquer restrições adicionais. O algoritmo de restauro de entropia máxima tem em conta as propriedades estatísticas da imagem e do ruído, bem como qualquer conhecimento prévio disponível ou restrições, para melhorar a qualidade da imagem restaurada. Fornece uma abordagem baseada em princípios para o restauro de imagens, equilibrando a fidelidade aos dados observados e a regularização baseada no princípio da máxima entropia. A implementação específica e os pormenores do algoritmo podem variar consoante a aplicação e as restrições específicas ou o conhecimento prévio disponível. No entanto, a ideia central permanece a mesma: encontrar a solução de restauro de imagem que maximiza a entropia, satisfazendo os dados observados e quaisquer restrições adicionais.

5.6.3 Restauração regularizada multicanal

O restauro regularizado multicanal é uma técnica utilizada para restaurar imagens degradadas através da incorporação de um termo de regularização no processo de restauro. O termo de regularização ajuda a controlar o compromisso entre a fidelidade aos dados observados e a suavidade ou regularidade da imagem restaurada.

A formulação geral da restauração regularizada multicanal pode ser representada da seguinte forma:

"f = arg min $\|g - Hf\|^A 2 + XR(f)$

em que: "f é a imagem restaurada estimada, g é a imagem degradada observada, H é o operador de degradação, f é a imagem verdadeira desconhecida, $\|.\|JI2$ denota a norma euclidiana ao quadrado,

X é o parâmetro de regularização que controla o compromisso entre a fidelidade dos dados e a regularização,

R(f) é o termo de regularização que incentiva a suavidade ou regularidade na imagem restaurada.

A escolha do termo de regularização R(f) depende das propriedades desejadas da imagem restaurada. Os termos de regularização normalmente utilizados incluem:

Regularização da variação total (TV): R(f) = TV(f), em que TV(f) representa a variação total da imagem e promove a suavidade por partes.

Regularização de Tikhonov: R(f) = $\|L(f)|p2$, em que L é um operador diferencial e promove a suavidade da imagem.

Regularização baseada em Wavelet: R(f) = $\|W(f)\|^A 2$, onde W representa a transformada wavelet e promove a esparsidade nos coeficientes wavelet, levando a uma representação esparsa da imagem.

A forma específica do termo de regularização e a escolha do parâmetro de regularização X dependem das características da degradação e das propriedades desejadas da imagem restaurada. O problema de restauro é normalmente resolvido utilizando técnicas de otimização, tais como algoritmos iterativos ou métodos de otimização convexa. Ao incorporar o termo de regularização, o restauro regularizado multicanal pode ajudar a atenuar o ruído e os artefactos na imagem restaurada, levando a uma melhor qualidade de imagem e fidelidade à imagem verdadeira.

5.7 Exemplos de simulação

O objetivo da experiência foi avaliar o desempenho dos algoritmos de reconstrução de super-resolução na recuperação de uma imagem de alta resolução (HR) a partir de múltiplas observações de baixa resolução (LR).

As etapas específicas da experiência foram as seguintes:

1. Observações LR: Três observações LR degradadas de imagens Lenna, cada uma com um tamanho de 128 x 128 pixéis, foram utilizadas como entrada. As observações LR foram geradas utilizando o modelo geral de degradação descrito na Equação (10.1). Este modelo inclui um deslocamento translacional relativo com a observação de referência, desfocagem fora de foco e ruído aditivo com um SNR específico.

2. Reconstrução de Super-Resolução: O objetivo era reconstruir uma única imagem HR com um tamanho de 256 x 256 pixels a partir das observações LR. Os algoritmos de reconstrução de imagem de super-resolução foram aplicados para estimar a imagem HR com base nas imagens LR observadas.

3. Avaliação do desempenho: A qualidade da imagem de FC reconstruída foi avaliada utilizando várias métricas, como a relação sinal/ruído de pico (PSNR), o índice de semelhança estrutural (SSIM) ou a inspeção visual por observadores humanos. Estas métricas fornecem medidas quantitativas da semelhança entre a imagem de FC reconstruída e a imagem de FC verdadeira.

Ao efetuar esta experiência com diferentes níveis de ruído (controlados pela SNR) e ao avaliar o desempenho dos algoritmos de super-resolução, os investigadores podem avaliar a eficácia dos algoritmos no tratamento de diferentes tipos e níveis de degradação. Esta informação é crucial para compreender a robustez e as limitações dos algoritmos e para determinar a sua adequação a aplicações práticas.

Numa experiência, foi utilizada uma imagem de ressonância magnética (RM) para avaliar o desempenho dos algoritmos de restauro multicanal. Para avaliar a qualidade das imagens restauradas, foram calculados os valores de pico da relação sinal/ruído (PSNR), à semelhança da primeira experiência. Em ambos os experimentos, as etapas de restauração multicanal envolveram a aproximação das matrizes B, M, Rf e C usando matrizes circulantes, que foram diagonalizadas por meio de uma transformada de Fourier 2-D. Essa técnica de aproximação ajuda a reduzir o custo computacional e garante uma convergência mais rápida dos algoritmos de restauração. Para obter os valores de %1, %2 e X3 na etapa de restauração multicanal regularizada, foi utilizado o método de Newton. O método de Newton é conhecido por sua rápida convergência e, neste caso, foram necessárias apenas duas iterações. O método de Newton foi aplicado após a diagonalização das matrizes para aumentar ainda mais a eficiência computacional. Este estudo fornece informações sobre a taxa de convergência e a estabilidade dos algoritmos de restauro, validando a sua eficácia na resolução do problema de restauro multicanal. Em geral, estas experiências demonstram a aplicação de técnicas de restauro multicanal para melhorar a qualidade de imagens degradadas, como ilustrado pelas imagens restauradas e pelos valores PSNR correspondentes. Os métodos de aproximação eficientes e a rápida convergência do método de Newton contribuem para a praticidade e a eficácia dos algoritmos de restauração.

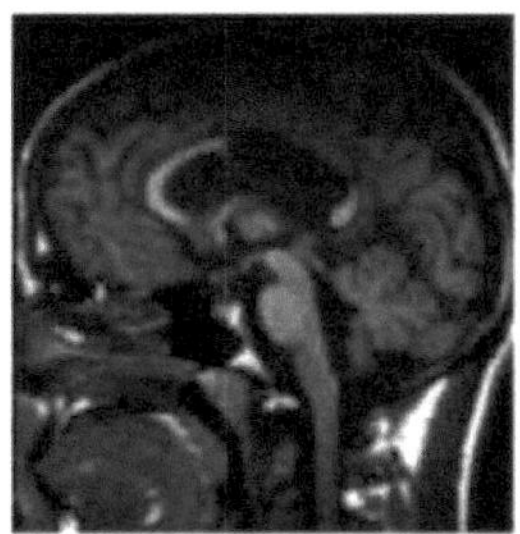

Figura 5.6 Imagem MR original.

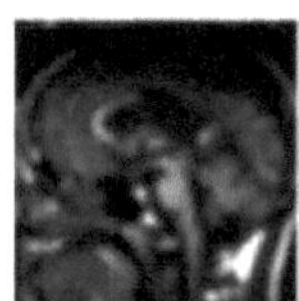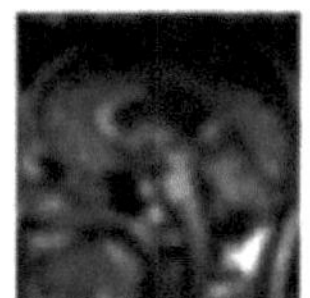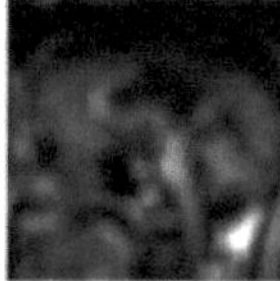

Figura 5.7 Observações disponíveis a SNR = 40 dB

As duas experiências realizadas nesta secção apresentam desafios para as soluções iterativas tradicionais [121,123] devido às matrizes de grande dimensão envolvidas, que não podem ser facilmente tratadas utilizando componentes principais tradicionais (PCs), como mencionado anteriormente. No entanto, os algoritmos de reconstrução de super-resolução utilizados nestas experiências demonstraram sucesso na obtenção de imagens de HR de alta qualidade que superam visualmente as observações disponíveis. Este facto é ainda apoiado pelos valores elevados da relação sinal/ruído de pico (PSNR) obtidos. Embora estes algoritmos possam ter um custo computacional mais elevado em comparação com os métodos tradicionais, a carga computacional aceitável é justificada pela qualidade superior das imagens de HR produzidas. Entre os algoritmos testados, a super-resolução regularizada destaca-se em termos de qualidade visual. Apesar das suas vantagens em termos de qualidade visual, a super-resolução regularizada pode apresentar certas limitações ou compensações. Estas podem incluir o aumento da complexidade computacional ou a necessidade de afinação manual de parâmetros. No entanto, a importância de obter imagens HR de alta qualidade supera estes inconvenientes, tornando a super-resolução regularizada uma escolha favorável. Em resumo, as experiências demonstram a eficácia dos algoritmos de super-resolução na obtenção de uma melhor qualidade visual e de valores elevados de PSNR para a reconstrução de imagens de HR. O custo computacional, embora mais elevado, é justificado pela qualidade superior da imagem obtida. A super-resolução regularizada, em particular, oferece a melhor qualidade visual, embora possa ter algumas limitações a considerar.

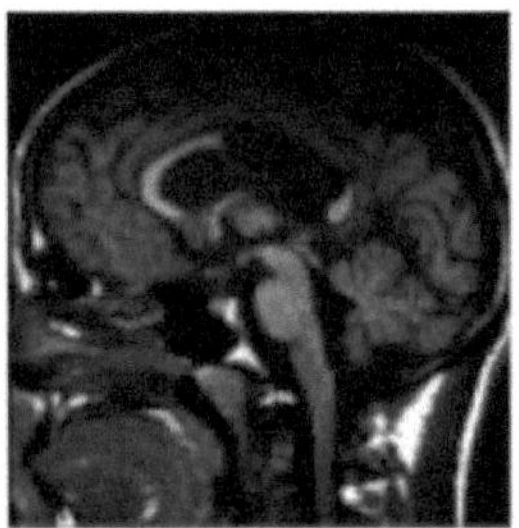

Figura 5.8 Imagem MR original

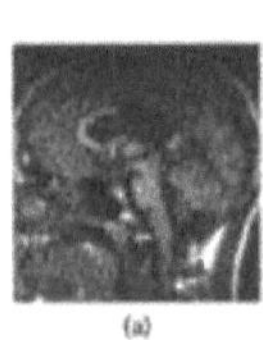

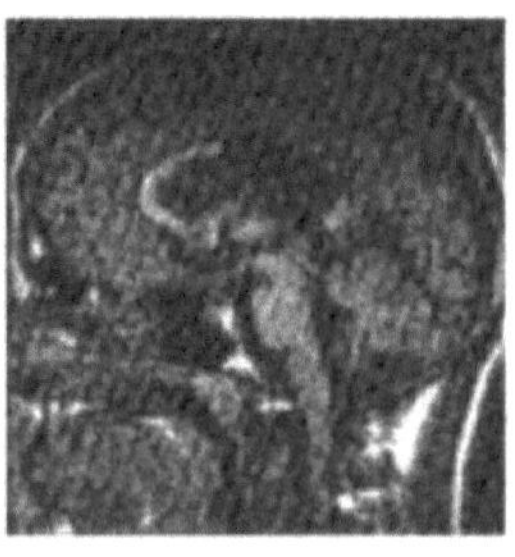

Figura 5.9 Resultados do algoritmo de reconstrução de super-resolução LMMSE sugerido, CPU = 55 seg. (a) Imagem fundida, PSNR = 18,55 dB. (b) Interpolação LMMSE da imagem fundida, PSNR = 18,66 dB

A avaliação da relação sinal-ruído (SNR) em imagens degradadas é um aspeto importante que está intimamente relacionado com a estimativa da variância do ruído da imagem degradada. No caso de ruído aditivo independente, pode ser efectuada uma aproximação considerando a variância total da imagem degradada como a soma da variância da imagem original e da variância do ruído. Ao estimar a variância do ruído, podemos também aproximar a variância da imagem e, assim, calcular o valor da SNR. Existem vários métodos disponíveis para a estimativa da variância do ruído. Uma abordagem clássica consiste em selecionar uma região suave dentro da imagem e estimar a variância do ruído como a variância desta região. Outros métodos incluem a abordagem de máxima verosimilhança e a abordagem de maximização da expetativa [90]. Estas técnicas têm como objetivo estimar a variância do ruído com maior precisão, tendo em conta as propriedades estatísticas do ruído. Nas experiências de simulação mencionadas, a função de base Haar foi utilizada tanto para a fusão de wavelets como para os processos de denoising. A função de base Haar é uma base wavelet comummente utilizada pela sua simplicidade e capacidade de captar alterações abruptas na imagem. De um modo geral, a estimativa exacta da variância do ruído é crucial para avaliar a SNR em imagens degradadas. Podem ser utilizados vários métodos, incluindo abordagens clássicas e técnicas estatísticas avançadas, para a estimativa da variância do ruído, dependendo dos requisitos específicos da tarefa de processamento de imagens.

Apêndice A:
Aprendizagem profunda para super-resolução de uma única imagem: Uma breve revisão

A. Super-resolução de imagem única

O processo de conversão de observações de baixa resolução da mesma cena em fotografias de alta resolução é conhecido como super-resolução (SR) [9]. A SR pode ser dividida em super-resolução de imagem única (SISR) e super-resolução multi-imagem (MISR), dependendo da quantidade de imagens LR de entrada. Uma vez que uma imagem HR com elevada qualidade perceptiva contém características mais valiosas, é frequentemente utilizada numa variedade de domínios, incluindo segurança, satélite e imagiologia médica.

Considerando que uma entrada LR pode estar correlacionada com várias respostas alternativas HR diferentes, a resolução de (1) é um problema muito mal apresentado. Atualmente, as abordagens baseadas na interpolação, os métodos baseados na reconstrução e os métodos baseados na aprendizagem constituem a maioria dos principais algoritmos SISR. A interpolação bicúbica [10] e a reamostragem de Lanczos [11] são duas abordagens SISR baseadas na interpolação que são rápidas e simples, mas têm problemas de exatidão.

Com a vantagem de produzir detalhes flexíveis e precisos, as abordagens de SR baseadas na reconstrução [12], [13], [14] e [15] utilizam frequentemente informação prévia sofisticada para limitar o espaço potencial de soluções. No entanto, muitos métodos baseados na reconstrução perdem rapidamente o desempenho à medida que o fator de escala aumenta, e estas técnicas são frequentemente demoradas.

A tónica é colocada nas abordagens SISR baseadas na

aprendizagem, geralmente referidas como métodos baseados em exemplos, devido ao seu cálculo rápido e desempenho excecional. Estas técnicas recorrem frequentemente a métodos de aprendizagem automática para examinar as correlações estatísticas entre o LR e o seu homólogo HR associado, utilizando grandes quantidades de dados de treino. Freeman et al. foram os primeiros a utilizar o método do campo aleatório de Markov (MRF) [16] para tirar partido das numerosas fotografias do mundo real e criar texturas de imagem esteticamente bonitas. Para recuperar as manchas de imagem HR, os métodos de incorporação de vizinhos propostos por Chang et al. [17] beneficiaram da mesma geometria local entre LR e HR. Os investigadores utilizaram técnicas de codificação esparsa para resolver problemas de SISR, inspirando-se na teoria da recuperação de sinais esparsos [18], [19], [20], [21], [22], [23], [24]. Recentemente, a floresta aleatória [25] também tem sido utilizada para melhorar o desempenho da reconstrução.

Enquanto isto, outras publicações [26], [27], [28] e [29] associaram as vantagens dos métodos baseados na reconstrução a abordagens baseadas na aprendizagem para minimizar ainda mais os artefactos introduzidos por exemplos de treino externos.

Ultimamente, as técnicas baseadas na reconstrução e outras técnicas baseadas na aprendizagem têm sido largamente ultrapassadas pelos algoritmos SISR baseados em DL.

B. Aprendizagem profunda

A aprendizagem profunda é um subconjunto de técnicas de aprendizagem automática que se baseia na aprendizagem direta de diferentes representações de dados [30].

Os algoritmos de aprendizagem profunda têm como objetivo aprender automaticamente representações hierárquicas informativas e depois utilizá-las para atingir o objetivo final, em que todo o processo de aprendizagem pode ser visto como um

todo [31]. Isto contrasta com os algoritmos tradicionais de aprendizagem específica de tarefas, que seleccionam características úteis feitas à mão com conhecimentos especializados do domínio. A maioria dos actuais modelos de aprendizagem profunda baseia-se em redes neurais artificiais (RNA), que têm uma elevada capacidade de aproximação e uma propriedade hierárquica [32]. As origens das primeiras RNA podem ser encontradas nos algoritmos perceptron da década de 1960 [33]. Posteriormente, na década de 1980, o algoritmo de retropropagação (back propagation) permitiu o treino de perceptrons multicamadas, e dois derivados representativos das RNA - a rede neural convolucional (CNN) e a rede neural recorrente (RNN) - foram introduzidos nos domínios da visão computacional e do reconhecimento da fala, respetivamente. Embora as RNA tenham registado um desenvolvimento notável durante esse período, apresentavam ainda uma série de falhas que as impediam de progredir [37], [38]. Depois disso, o pré-treinamento da rede neural profunda (DNN) com a máquina de Boltzmann limitada (RBM) sugerida por Hinton em 2006 [39] assinalou o renascimento da RNA moderna. Os modelos baseados na DNN têm demonstrado um excelente desempenho numa variedade de tarefas supervisionadas, tirando partido da explosão do poder computacional e do desenvolvimento de métodos melhorados [40], [41], [2]. No entanto, devido à sua capacidade de lidar com dados difíceis não rotulados, os métodos não supervisionados baseados em DNN, como a máquina de Boltzmann profunda (DBM) [42], o método variacional
(VAE) [43], e as redes adversárias generativas (GAN) [45] têm sido objeto de grande interesse. Os leitores que pretendam uma análise exaustiva da DL devem consultar [46].

111. ARQUITECTURAS PROFUNDAS PARA SISR

Nesta secção, falamos sobretudo das arquitecturas eficazes para a SISR que foram sugeridas recentemente. Começámos por utilizar a conceção da rede da CNN de super-resolução (SRCNN) como referência [47, [48]. Os componentes universais que podem ser utilizados para diferentes tarefas e os componentes únicos que definem as características do SISR são os principais tópicos de discussão quando abordamos em pormenor cada arquitetura associada. Destacaremos a importância do conjunto de dados de treino e faremos um esforço para comparar modelos utilizando o mesmo conjunto de dados de treino, de modo a gerar comparações justas entre vários modelos.

A. Referência da arquitetura profunda para SISR

Nesta parte, escolhemos a arquitetura SRCNN como referência. A Fig. 2 mostra a arquitetura geral do SRCNN. Tal como acontece com muitas técnicas convencionais, o SRCNN utiliza apenas os componentes de luminância para manter as coisas simples.

para instrução. A SRCNN é uma CNN de três camadas com filtros de 64 por 1 por 9 por 9, 32 por 64 por 5 por 5 e 1 por 32 por 5 por 5.

A extração de manchas, o mapeamento não linear e a reconstrução são as três utilizações das transformações não lineares. O erro quadrático médio (MSE) serve como função de perda para a otimização do SRCNN; mais sobre isto na secção que se segue.

A definição de SRCNN é simples e pode ser considerada como uma CNN vulgar que se aproxima do mapeamento complexo entre os espaços LR e HR do princípio ao fim. Defendemos que o sucesso da SRCNN é atribuível à notável capacidade da CNN para aprender representações exactas a partir de dados enormes de uma forma completa. Aparentemente, a SRCNN mostra uma grande vantagem sobre as abordagens contemporâneas mais antigas.

Apesar do sucesso da SRCNN, os seguintes problemas estimularam o desenvolvimento de arquitecturas mais eficientes:

1) A LR bicúbica, uma representação aproximada da HR, serve como entrada da SRCNN. Estas entradas interpoladas têm, no entanto, três deficiências: Pelas seguintes razões: (a) usar versões interpoladas como entrada é demorado; (b) empregar versões interpoladas como entrada pode resultar em mais estimativas incorrectas da estrutura da imagem; e (c) usar uma entrada interpolada específica como uma estimativa bruta quando o kernel de downsampling é desconhecido não é razoável. Para resolver estes problemas, a primeira questão que se coloca é se é possível criar arquitecturas CNN que utilizem diretamente a RL como entrada.1

2) A SRCNN é constituída por apenas três camadas. Será que modelos CNN mais sofisticados podem produzir melhores resultados? Em caso afirmativo, como podemos criar modelos com maior complexidade?

3) As variáveis prévias na função de perda que representam as características da imagem HR não são importantes. Podemos incorporar quaisquer características do processo SISR na conceção da estrutura CNN ou noutros componentes do algoritmo SISR? Em caso afirmativo, será que algumas questões difíceis do SISR, como o fator de escala enorme do SISR e a amostragem desconhecida do SISR, podem ser resolvidas com mais êxito por estas arquitecturas profundas com propriedades SISR? Os estudos recentes sobre arquitecturas profundas para SISR serão abordados nas secções III-B1, III-B2 e III-B3 com base em algumas respostas a estes três problemas.

B. Redes SISR profundas de última geração

1) Aprender uma sobreamostragem efectiva com a CNN: Uma

abordagem para responder à primeira questão é criar um módulo CNN que aumente a resolução de forma adaptativa. Na arquitetura fundamental da CNN, os dois operadores de redução de amostragem mais frequentes são a convolução com pooling e a convolução stride. O procedimento de upsampling, também conhecido como deconvolução [50] ou convolução transposta [51], pode obviamente ser utilizado por indivíduos. A informação perdida durante a convolução com pooling ou convolução stride pode não ser totalmente recuperada por essa deconvolução, pelo que os leitores devem estar cientes deste facto. No contexto da visualização de redes [52], da segmentação semântica [53] e da modelação generativa [54], uma tal camada de deconvolução foi efetivamente implementada. Os leitores podem consultar [55] para uma ilustração mais pormenorizada da camada de deconvolução. Tanto quanto sabemos, o FSRCNN [56] é o primeiro estudo que reconstrói imagens de HR a partir de mapas de características de LR utilizando esta camada de deconvolução normal. Como já foi indicado, existem duas vantagens fundamentais na utilização da camada de deconvolução: em primeiro lugar, a quantidade de processamento é reduzida porque só precisamos de o fazer: A segunda é que, quando o kernel de amostragem descendente é desconhecido, numerosos relatórios, incluindo [57], mostraram que, quando é introduzida uma estimativa imprecisa, há efeitos secundários no desempenho final. Isto é feito para aumentar a resolução no final da rede. Apesar do facto de a camada de deconvolução típica, que até agora foi incluída em pacotes de código aberto prevalecentes, como Caffe [58] e TensorFlow [59], oferecer um arranjo sensivelmente grande para o endereço principal, ainda há um problema básico: quando utilizamos a inserção do vizinho mais próximo, os focos dentro dos destaques não amostrados são refeitos algumas vezes em cada curso. Esta disposição dos pixéis não amostrados é excessiva. Para contornar este problema, Shi et al. propuseram uma camada de convolução subpixel proficiente em [49], conhecida como ESPCN; a estrutura do ESPCN é apresentada na Fig. 4. Em vez de expandir a determinação alargando inequivocamente os mapas de realce como faz a camada de desconvolução, o ESPCN aumenta os canais dos realces de rendimento para afastar os focos adicionais para alargar a determinação e depois modifica estes focos para obter o rendimento HR através de uma medida de mapeamento particular. Como o desenvolvimento é efectuado no âmbito da medição do canal, é adequada uma medida de bit mais pequena. [55] parece encorajar que, quando a adição padrão, mas excessiva, do vizinho mais próximo é suplantada pela adição que amortece os subpixéis com zeros, a camada de deconvolução pode ser desemaranhados na convolução de subpixéis no ESPCN. Obviamente, em comparação com a inserção do vizinho mais próximo, esta introdução é mais produtiva, o que pode, além disso, confirmar a viabilidade do ESPCN.

2) Quanto mais profundo, melhor: No âmbito da investigação sobre a DL, há um trabalho hipotético [60] que mostra que o espaço de arranjo de uma DNN pode ser alargado através da expansão da sua profundidade ou da sua largura. Em algumas circunstâncias, para realizar representações mais progressivas de forma mais viável, numerosos trabalhos centram-se principalmente nas alterações obtidas através da expansão da profundidade. Ultimamente, diferentes aplicações baseadas em DL têm também demonstrado o incrível controlo de sistemas neuronais excecionalmente profundos, apesar dos numerosos desafios de preparação. O VDSR [61] é o principal modelo excecionalmente profundo utilizado no SISR. Como se vê na Fig. 5(a), o VDSR pode ser uma rede VGG de 20 camadas [62]. A engenharia VGG define todas as dimensões das partes como $3^X 3$ (a medida da parte é normalmente ímpar e tem em conta o

incremento no campo aberto, e 3^x 3 é a estimativa da parte mais pequena). Para preparar esta demonstração profunda, os criadores utilizaram uma taxa de aprendizagem inicial geralmente elevada para acelerar a junção e utilizaram o recorte de ângulos para evitar o problema irritante da explosão de ângulos.

Para além da engenharia imaginativa, a VDSR assumiu mais dois compromissos. O primeiro é que uma única demonstração é utilizada para diferentes escalas, uma vez que as formas SISR com componentes de escala distintos têm uma relação sólida entre si. Esta realidade é a premissa de numerosas estratégias SISR convencionais.

Comparativamente à SRCNN, a VDSR recebe o bicúbico de LR como entrada. Durante a preparação, o VDSR junta os bicúbicos de LR de componentes de escala diferentes para preparação. Para variáveis de escala maior (*3, *4), o mapeamento para um cálculo de escala menor (*2) também pode ser esclarecedor. O compromisso do momento é a aprendizagem restante. De forma alguma semelhante ao mapeamento de coordenadas da forma bicúbica para HR, o VDSR emprega a CNN profunda para memorizar o mapeamento da forma bicúbica para o que resta entre a forma bicúbica e HR. Os criadores argumentaram que a aprendizagem residual poderia progredir na execução e acelerar a reunião. Os bits de convolução dentro da parte de mapeamento não linear do VDSR são excecionalmente comparativos e, para diminuir os parâmetros, Para superar os desafios de treinar uma CNN recursiva profunda, uma técnica multissupervisionada é conectada, e o resultado final pode ser respeitado como a combinação de 16

O meio do caminho é o que se apresenta. Os coeficientes de combinação são uma lista de escalares positivos treináveis com a soma de 1. Como se viu, DRCN e VDSR têm uma execução muito comparável.

Aqui, aceitamos que é essencial o significado da preparação multi-supervisionada em DRCN. Esta técnica não faz, por assim dizer, caminhos breves através dos quais os declives podem fluir mais facilmente no meio da retropropagação, mas, além disso, orienta todas as representações do meio da estrada para reproduzir rendimentos de RH brutos.

Por fim, o cruzamento de todos estes rendimentos brutos de RH produz um resultado maravilhoso. Em todo o caso, para a combinação, esta metodologia tem duas imperfeições:

1) Uma vez que os pesos escalares são decididos na preparação da preparação, eles não mudarão com entradas distintas; e

2) A utilização de um escalar único para ponderar os rendimentos de HR não tem em conta os contrastes por pixel, ou seja, seria superior ponderar as diferentes partes de forma distinta e versátil. É difícil ir mais longe com uma conceção simples como a rede VGG. Diferentes modelos profundos baseados em skipconnections podem ser muito profundos e têm conseguido uma execução de ponta em numerosas tarefas. Entre eles,

A ResNet [64], [65], proposta por He et al., é o principal programa de agentes.

Os utilizadores podem consultar [66], [67] para obterem mais informações sobre a razão pela qual a ResNet funciona bem. Em [68], os criadores propuseram a SRResNet, que é composta por 16 unidades restantes (uma unidade restante é composta por duas convoluções não lineares com aprendizagem residual). Em cada unidade, é utilizada a normalização de clusters (BN) [69] para estabilizar a

preparação da pega. Nesse momento, para se adequar à redução de parâmetros, cada quadrado oferece os mesmos parâmetros e é reutilizado recursivamente, como na parte de convolução recursiva única em DRCN.

A EDSR [71] foi proposta por Lee et al. e tem atualmente uma execução de topo de gama. A EDSR fez basicamente três melhorias no esquema geral: 1) Em comparação com a unidade restante utilizada em trabalhos anteriores, a EDSR evacua a utilização de BN, como aparece na Fig. 5(e). A ResNet original com BN foi delineada para a classificação, onde as representações internas são profundamente teóricas, e estas representações podem ser resistentes à mudança apresentada pela BN. No que diz respeito a tarefas imagem-a-imagem como o SISR, uma vez que a entrada e o rendimento estão fortemente relacionados,

no caso de a fusão da organização não ser um problema, nesse momento essa mudança pode prejudicar a execução final.

2) Mas para a expansão da profundidade padrão, o EDSR também incrementa o número de destaques de rendimento de cada camada numa escala expansiva. Para superar os desafios de preparar uma ResNet tão ampla, utiliza-se o truque de escalonamento de restos proposto em [72]. 3) Além disso, motivado pelo facto de o SISR se formar com diferentes

Como as variáveis das escalas têm fortes ligações entre si, ao preparar os modelos para as escalas *3 e *4, os criadores de [71] inicializaram os parâmetros com a organização pré-treinada de *2. Esta metodologia de pré-treinamento acelera a preparação e faz progredir a última execução.

A viabilidade da metodologia de pré-treino na EDSR sugere que os modelos para diversas escalas podem partilhar numerosas representações intermédias. Na MDSR, as partes da convolução para o mapeamento não linear são partilhadas entre diversas escalas, enquanto que os bits da convolução frontal para a extração de realces e a convolução final de sobreamostragem subpixel são diferentes. Em cada atualização durante a preparação da MDSR, os minibatches para *2, *3 e *4 são

escolhidos ao acaso e, por assim dizer, as partes de comparação do MDSR são actualizadas. Em expansão à ResNet, a DenseNet

[73] é outra engenharia eficaz baseada em associações de saltos. A MemNet [76], proposta por Tai et al., emprega a unidade restante recursivamente para suplantar a convolução típica dentro da parte da DenseNet essencial e inclui associações grossas entre partes distintas, como aparece na Fig. 5(h). Os criadores clarificaram que as associações próximas dentro do mesmo quadrado levam à memória de curto prazo e as associações com quadrados passados levam à memória de longo prazo [77]. Recentemente, a RDN [78] foi proposta por Zhang et al. e emprega uma estrutura comparável. Num quadrado RDN, as unidades de convolução fundamentais são associadas de forma espessa em comparação com a DenseNet e, na conclusão de uma peça RDN, é utilizada uma camada de estrangulamento, que se ocupa da aprendizagem residual em todo o bloco. Antes de entrar na parte de refazer, os destaques de todas as peças anteriores são entrelaçados pela conexão espessa e pela aprendizagem restante.

3) Combinação das propriedades da preparação do SISR com o plano do esboço da CNN: Nesta subsecção, examinamos alguns contornos profundos cujos desenhos ou métodos são impulsionados por algumas estratégias representativas do SISR. Em comparação com as estratégias orientadas para a NN acima mencionadas, estes métodos podem ser traduzidos de forma superior e, de vez em quando, são mais modernos, tendo em vista certos casos difíceis para a SISR. Combinando a codificação esparsa com NN profunda: A escassa priori nas imagens da natureza e as ligações entre os espaços HR e LR estabelecidas a partir desta priori foram amplamente utilizadas pela sua extraordinária execução e suporte teórico. O SCN [79] foi proposto por Wang et al. e emprega o cálculo de encolhimento e limiarização iterativo aprendido (LISTA) [80], que produz uma estimativa inexacta de codificação inadequada baseada em NN, para iluminar a dedução demorada no SISR de codificação

escassa convencional. Os autores apresentaram uma adaptação em cascata (CSCN) [81] que utiliza diferentes SCNs. Trabalhos anteriores, como o SRCNN, tentaram esclarecer os modelos comuns de CNN com a teoria da codificação escassa, que, do ponto de vista atual, pode ser pouco convincente. A SCN combina estes dois conceitos vitais de forma imaginativa e obtém melhorias quantitativas e qualitativas. Aprendizagem da recolha por NN: Modelos distintos especializam-se em numerosos desenhos de imagens do SISR. Do ponto de vista da aprendizagem da recolha, é possível obter um resultado distante, melhor, muito melhor, mais elevado, mais forte, melhorado, combinando adaptativamente diferentes modelos com diferentes objectivos ao nível do pixel. Persuadidos por este pensamento, o MSCN foi proposto por Liu et al. [82] através da criação de um módulo adicional dentro da forma de uma CNN, tomando o LR como entrada e produzindo alguns tensores com a mesma forma que o HR. Estes tensores podem ser vistos como pesos versáteis elementares para cada rendimento bruto de HR. Ao selecionar NNs como módulos de dedução de SR em bruto, as partes de avaliação em bruto e a parte de fusão podem ser optimizadas mutuamente. Em todo o caso, no MSCN, a soma dos coeficientes em cada pixel não é 1, o que pode ser marginalmente indistinguível. Estruturas profundas com técnica progressiva: A expansão progressiva do desempenho do SISR já foi amplamente analisada e, além disso, várias abordagens posteriores baseadas em DL utilizam-na incorretamente de diferentes pontos de vista. Aqui, falamos principalmente de três novos trabalhos dentro deste âmbito: DEGREE [83], que combina a propriedade dinâmica da ResNet com a reprodução convencional de sub-bandas; LapSRN [84], que cria continuamente SR de diversas escalas; e PixelSR [85], tirando partido de modelos autoregressivos condicionais para produzir SR pixel a pixel. Em comparação com outras estruturas profundas, a ResNet é cativante pelas suas propriedades dinâmicas. Tomando a SRResNet como ilustração, podemos observar que o simples envio das representações fornecidas pelos quadrados intermédios remanescentes para a última porção de refacção também abdicará de um estimador de FC muito grosseiro. Quanto mais profundas forem estas representações, maior será a

os resultados que podem ser obtidos. Uma maravilha comparável da ResNet ligada ao reconhecimento é detalhada em [66]. O DEGREE, proposto por Yang et al., combina esta propriedade dinâmica da ResNet com a refacção de sub-bandas das estratégias convencionais de SR [86]. As acumulações aprendidas em cada pedaço residual podem ser utilizadas para refazer elementos subtis de alta frequência, assemelhando-se aos sinais de uma determinada banda de alta frequência. Para imitar a reconstrução de sub-banda, é utilizado um quadrado remanescente recursivo. Em comparação com as estratégias convencionais de recuperação de sub-bandas dirigidas que têm de obter a verdade fundamental das sub-bandas através de diversos canais, esta reconstituição com ResNet recursiva evita avaliar inequivocamente os componentes das sub-bandas intermédias, beneficiando da aprendizagem da representação de ponta a ponta. Como já foi referido, os modelos para variáveis de pequena escala podem ser utilizados para um estimador grosseiro de um SISR de grande escala. Dentro da comunidade SISR, o SISR sob componentes de escala expansiva (por exemplo, *8) tem sido uma questão desafiadora por muito tempo. Nessas circunstâncias, são impostos priors concebíveis para limitar o espaço de arranjo. Uma forma clara de resolver este problema é, muitas vezes, incrementar gradualmente a determinação, acrescentando uma supervisão adicional sobre o SISR auxiliar que prepara a pequena escala. Com base nesta heurística anterior, o LapSRN, proposto por Lai et al., emprega a estrutura da pirâmide Laplaciana para reconstruir os rendimentos de RH. Quando confrontados com variáveis de grande escala com uma infelicidade extrema de pontos de interesse essenciais, alguns analistas propõem que a sintetização de elementos subtis sonoros pode realizar resultados superiores. Nesta circunstância, os modelos generativos profundos, que podem ser discutidos nos segmentos seguintes, podem muito bem ser óptimas escolhas. Em comparação com a estimativa convencional de pontos autónomos dos dados extraviados, os modelos gerativos autoregressivos condicionais que utilizam a estimativa condicional da probabilidade mais extrema em modelos gráficos direccionais produzem lentamente imagens de alta resolução com base nos pixels já produzidos. PixelRNN [87] e PixelCNN [88] são agentes posteriores

modelos generativos autoregressivos. O pixel atual no PixelRNN e no PixelCNN está inequivocamente subordinado aos pixels eliminados e aos melhores pixels que já foram criados. Para atualizar estas operações, são expostos novos modelos de organização. O PixelSR foi proposto por Dahl et al. e, para começar, aplica o PixelCNN condicional ao SISR. O desenho geral é apresentado na Fig. 7. A CNN condicionante recebe LR como entrada, o que dá dados condicionais LR para a totalidade demonstrar, e a porção PixelCNN é a porção de dedução autoregressiva. O píxel atual é decidido por estas duas partes em conjunto, utilizando a probabilidade softmax atual, em que x é a entrada LR, yi é o píxel HR atual a ser criado, y- píxeis produzidos, Ai(-) indica a disposição condicionante que antecipa um vetor de valores logit em comparação com os valores concebíveis, e Bi( ) indica a disposição anterior que prevê um vetor de valores logit do i-ésimo píxel de rendimento. Os pixels com a probabilidade mais notável são considerados como o pixel de saída final.

Além disso, o arranjo completo é optimizado através da minimização da infelicidade da entropia cruzada (maximizando a comparação da verosimilhança do log) entre a expetativa do modelo e os nomes discretos da verdade terrestre. Modelos profundos com retroprojeção:

A projeção retroactiva iterativa [89] é um cálculo precoce do SR que calcula iterativamente o erro de reprodução e depois o reforça para afinar a FC. Recentemente, o DBPN [90], proposto por Haris et al., emprega arquitecturas profundas para recriar a retroprojeção iterativa e avançar a execução de progressos com associações espessas [73], o que parece permitir uma execução brilhante na escala *8. Como se pode ver na Fig. 8, a associação grossa e a convolução 1 * 1 para diminuir a medida são, para começar, ligadas em diversas unidades de projeção ascendente (projeção descendente); por outro lado, na t-ésima unidade de projeção ascendente, a entrada de realce LR atual Let-1 é, para começar, desconvoluída para obter um HR bruto, incluindo Ht0, e Ht0 é novamente projetado para o LR, incluindo Lt0. A acumulação entre dois realces LR elt = Lt-1-Lt0-1 é, nesse momento, desconvoluída e incluída em Ht0 para obter um melhor realce HR Ht. A unidade de projeção descendente é caracterizada excecionalmente de forma inversa.

Utilização de informações adicionais do LR:

Apesar do facto de as NNs profundas de ponta serem hábeis em extrair diferentes gamas de representações valiosas na conduta de ponta a ponta, em alguns casos, ainda é favorável escolher alguns dados para tratar inequivocamente. Por exemplo, o DEGREE [83] toma o contorno dos bordos do LR como outra entrada. Mais tarde, pensa-se em utilizar especificamente dados mais complexos de RL, dois casos dos quais são os seguintes: SFT-GAN [91], com dados semânticos adicionais da LR para uma melhor qualidade perceptiva, e SRMD [92], consolidando a corrupção como entrada para diferentes degradações. [93] detalhou que o emprego de uma semântica anterior faz uma diferença no progresso da execução de numerosos cálculos SISR. Aproveitando estruturas profundas eficazes planeadas para a divisão, Wang et al. [91] utilizaram mapas de divisão semântica de LR decifrados como entrada extra e ponderaram a camada de mudança de inclusão espacial (SFT) para os tratar. Com estes dados adicionais de recados de alto nível, o trabalho proposto é mais talentoso na produção de detalhes textuais. Para requerer a degradação de diversos LRs em consideração, o SRMD começou por ligar uma parte gaussiana anisotrópica paramétrica de média zero para representar o bit obscuro e a comoção gaussiana branca de substância adicionada com hiperparâmetro p2 para falar com clamor. Nessa altura, é utilizada uma recaída básica para obter a sua rede de covariância. Estas medidas adequadas são alargadas dimensionalmente para concatenar com LR dentro da medida do canal, e com essa entrada, é preparado um espetáculo profundo. Eminentemente, quando o SRMD é experimentado com imagens genuínas, os parâmetros necessários no nível de rebaixamento são obtidos através de um olhar de estrutura.

Quadros baseados na reconstrução com base em priores oferecidos por NN profundas:

Os priors modernos são fundamentais para cálculos SISR baseados em reconstrução proficiente para abordar diversos casos de forma adaptável. Em trabalhos posteriores, verificou-se que as NNs profundas podem fornecer priores com bom desempenho principalmente a partir de dois pontos de vista: os priores dentro da NN profunda aprendem a partir de informações em desenvolvimento dentro de uma abordagem plug-and-play e coordenam a reconstrução do rendimento, aproveitando priores encantadores, mas ainda vagos, das próprias estruturas profundas. O objetivo dos algoritmos baseados na reconstrução é obter o resultado especificado x^{Π} compreendendo onde H é a rede de corrupção e R(x) é a regularização, também chamada anteriormente de Bayesiana ver. [A parte (3) da Bayesiana (94) foi dividida numa parte de informação e numa parte anterior com métodos de parte variável e, depois disso, suplantou a parte anterior com cálculos de denoising proficientes. No que diz respeito a casos de degradação distintos, é necessário alterar os cálculos de redução de ruído para a parte anterior, continuando com a chamada conduta plug-and-play. Trabalhos posteriores [95], [96], [97] utilizam NNs preparadas de forma discriminativa e profunda, abaixo de níveis de comutação distintos, como denoisers em diferentes problemas inversos, e a IRCNN [96] é a primeira entre elas a abordar o SISR. No IRCNN, para começar, prepararam um arranjo de denoisers baseados em CNN com níveis de clamor distintos, e tomaram a retroprojeção como a porção de reconstrução. O LR é, para começar, precedido por algumas iterações de retroprojeção e, depois disso, denoisado por denoisers CNN com níveis de comoção decrescentes ao lado da retroprojeção. O número de ênfase é fixado em 30. No IRCNN, os criadores utilizam sistemas profundos para memorizar um conjunto de priores de imagem e depois disso ligam os priores ao sistema de refacção; a exploração acontece nestes casos e é superior às estratégias modernas que, por assim dizer, utilizam a preparação baseada em exemplos. A estrutura dos sistemas neurais profundos pode captar uma soma significativa de antecedentes mensuráveis de imagens de baixo nível. Em contraste, imagens como comoções e imagens rearranjadas, que têm uma pequena relação interna, tendem a encontrar-se mais gradualmente. Numerosas questões inversas, como a denoising e a super-resolução, são modeladas como a soma de pixels da primeira imagem e as comoções autónomas de substâncias adicionadas. Com base no que foi observado anteriormente, quando utilizados para ajustar estas imagens corrompidas, os sistemas neuronais tendem a ajustar as imagens de aspeto natural para começar, o que pode ser utilizado para manter as partes de aspeto natural, bem como para canalizar as partes ruidosas. Para demonstrar a adequação do

proposto anteriormente para o SISR, como se fosse dado o LR x0, os criadores tomaram um vetor irregular estabelecido z como entrada para encaixar o HR x com um DNN f9 arbitrariamente inicializado, optimizando onde d(-) pode ser um administrador comum de amostragem diferenciável. A otimização é terminada em desenvolvimento para, por assim dizer, peneirar partes altas. Apesar do facto de estes métodos completamente não-supervisionados serem ultrapassados por outras estratégias de aprendizagem dirigida, o seu desempenho é impressionantemente melhor do que algumas outras estratégias credíveis.

Arquitecturas profundas com exemplos internos:

Os cálculos do SISR do exemplo interno baseiam-se na repetição de pequenas

A ZSSR [100] é a primeira escrita que combina dados profundos com dados de diversas escalas de uma única imagem, e que parece ser muito melhor para identificar pontos de interesse específicos que raramente existem noutras imagens exteriores [99]. A ZSSR [100], proposta por Shocher et al., é a principal escrita que combina a análise de dados em profundidade com a análise de dados de outras imagens.

estruturas com aprendizagem por exemplo interno. Na ZSSR, para além da imagem para teste, não são necessárias imagens adicionais e todos os patches para preparação são retirados de conjuntos distintos da imagem de teste. Como ilustrado em [101], a entropia visual interior de uma única imagem é muito menor do que o conjunto de dados de preparação expansivo recolhido a partir de uma vasta gama de imagens, pelo que, à semelhança dos cálculos SISR de exemplo externo, uma CNN muito pequena é adequada. Como já dissemos para o VDSR, as informações de preparação para uma demonstração em pequena escala também podem ser valiosas para a preparação de modelos em grande escala. Além disso, com base nesta armadilha, a ZSSR pode ser mais vigorosa, recolhendo mais conjuntos de preparação internos com componentes de pequena escala para a preparação de modelos de grande escala. Em todo o caso, esta abordagem aumentará o tempo de execução de forma colossal. De forma surpreendente, quando combinado com os cálculos de estimativa de partes especificados em [102], o ZSSR tem um desempenho muito bom com os bits de rebaixamento obscuros. Recentemente, Tirer et al. afirmaram que a corrupção na LR diminui a execução de cálculos de exemplos internos [103]. Por isso, propuseram utilizar o IDBP [97] para obter um resultado de SR inicial e, depois disso, realizar uma preparação de arranjo baseada em exemplos internos comparável ao ZSSR. Esta estratégia foi aceite para combinar duas estratégias eficazes que abordam o problema entre a preparação e o teste, e tem conseguido uma forte execução nestes casos.

C. Comparações entre diferentes modelos e Discussão

Nesta área, resumiremos o avanço posterior em modelos profundos para SISR de dois pontos de vista: comparações quantitativas para aqueles preparados por obscurecimento particular e comparações sobre esses modelos para lidar com obscurecimento inespecífico. Para a parte primária, os critérios quantitativos incorporam basicamente a tomada após:

1) PSNR/SSIM [104] para medir a qualidade da reconstrução

2) Número de parâmetros da NN para medir a produtividade da capacidade (Params).

3) Número de operações compostas de multiplicação-acumulação para medir a eficácia computacional (Mult&Adds):

Uma vez que as operações em NNs para SISR são principalmente duplicações com incrementos, utilizamos Mult&Adds em CARN [105] para calcular o grau, esperando que o SR necessário seja 720p. De forma notável, foi referido em [48] e [49] que a preparação dos conjuntos de dados tem um impacto impressionante na execução final, e

na maior parte das vezes, a preparação de informações mais abundantes conduzirá a resultados superiores. Na maior parte dos casos, estes modelos são preparados através de três conjuntos de dados fundamentais:

1) 91 imagens de [19] e 200 imagens de [106], designado por conjunto de dados 291 (alguns modelos utilizam 91 imagens);

2) imagens inferidas da ImageNet [107] ao acaso; e

3) o conjunto de dados DIV2K recentemente distribuído [108]. Para além do número diverso de imagens que cada conjunto de dados contém, a qualidade das imagens em cada conjunto de dados é adicionalmente distinta. As imagens no conjunto de dados 291 são, regra geral, pequenas (normalmente, 150^150), as imagens no ImageNet são muito maiores, enquanto as imagens no DIV2K são de qualidade excecionalmente elevada.

Devido à determinação limitada das imagens no conjunto de dados 291, os modelos neste conjunto têm dificuldade em obter manchas enormes com áreas de resposta enormes.

Posteriormente, os modelos baseados no conjunto de dados 291 utilizam normalmente o bicúbico de LR como entrada, o que consome muito tempo. O quadro I compara os diferentes modelos com base nos critérios referidos. A partir do quadro I, podemos constatar que, na maior parte dos casos, à medida que a profundidade e o número de parâmetros se desenvolvem, a execução progride. Em todo o caso, a taxa de desenvolvimento da execução estabiliza-se. Ultimamente, foram propostos alguns trabalhos sobre o planeamento de modelos ligeiros [109], [105], [110] e a aprendizagem de NN auxiliares escassos [111] para realizar uma execução moderadamente boa com menos capacidade e computação, que são excecionalmente significativas no domínio. Para já, verificamos que a execução dos modelos para um determinado tipo de degradação diminuiu definitivamente quando a degradação genuína é diferente da esperada para a preparação. Para ilustrar, utilizamos quatro modelos, contando com o EDSR preparado com corrupção bicúbica [71], IRCNN [96], SRMD [92] e ZSSR [100], para tratar LRs produzidos por corrupção de bits gaussiana (medida de parte de 7 x 7 com capacidade de transmissão 1.6), como aparece na Fig. 10, e a execução do EDSR caiu radicalmente com obscuridade evidente, enquanto outros modelos para corrupção não específica têm um desempenho muito bom. Subsequentemente, para resolver alguns problemas de longa data no SISR, como a corrupção desconhecida, a utilização coordenada de estratégias comuns de aprendizagem profunda pode não ser adequada. É possível obter soluções mais viáveis combinando o controlo da DL e as propriedades específicas do cenário SISR.

IV.OBJECTIVOS DE OPTIMIZAÇÃO PARA A BASE DL SISR

A. Referência dos objectivos de otimização para o SISR baseado em DL

Seleccionamos o erro MSE utilizado no SRCNN como referência. Sabe-se que a utilização do MSE favorece um PSNR elevado, e o PSNR pode ser uma métrica amplamente utilizada para avaliar quantitativamente a qualidade da reconstrução de imagens. A otimização do MSE pode ser vista como um problema de recaída, conduzindo a uma estimativa pontual de 0, em que (xi, yi) são as i-ésimas ilustrações de preparação e F(x; 0) é a CNN parametrizada por 0. Aqui, (8) pode ser traduzida de forma probabilística aceitando a comoção branca gaussiana (N (c; 0, o2I)) livre da imagem dentro do show de recaída, e depois, que a probabilidade condicional de y dado x passa a ser um transporte gaussiano com cruel F (x; 0) e a estrutura de covariância inclinada o2I, onde I é a rede de personalidade. Nessa altura, a utilização da estimativa de probabilidade mais extrema (MLE) nos casos de preparação com (9) conduzirá a (8). A disparidade de Kullback-Leibler (KLD) entre a disseminação observacional condicional Pdata e a disseminação condicional do espetáculo Pmodel é caracterizada. Chamamos a (10) a KLD direta, em que z = y|x indica a HR (SR) condicionada pelo seu parceiro LR, Pdata e Pmodel são as transmissões condicionais de HR|LR e SR|LR,

separadamente, onde Ex~Pdata [log Pdata(z)] é um termo inerente decidido pela informação de preparação não obstante o parâmetro 0 da demonstração (ou a dispersão da demonstração Pmodel(x; 0)). Assim, quando utilizamos os testes de preparação para avaliar o parâmetro 0, a minimização deste KLD é idêntica à MLE.

Aqui, ilustrámos que MSE pode ser um caso especial de MLE, e MLE pode ser um caso extraordinário de KLD. Em todo o caso, podemos adivinhar se as suspeitas fundamentais destas especializações são abusivas. Esta reflexão conduziu ao desenvolvimento de algumas capacidades objectivas a partir de quatro pontos de vista:

1) A decifração de MLE em MSE pode ser realizada através da expetativa de clamor branco gaussiano. Apesar do fato de que o show gaussiano é a demonstração mais amplamente utilizada por sua facilidade de esforço e reforço especializado, o que no caso desta suspeita de comoção gaussiana livre é violada em uma cena complicada como o SISR?

2) Para utilizar o MLE, temos de aceitar a forma paramétrica da disseminação da informação. E no caso de a estrutura paramétrica ser mal especificada?

3) Para além do KLD em (10), existem outras separações entre medidas de verosimilhança que possam ser utilizadas como objectivos de otimização para o SISR?

4) Em circunstâncias particulares, como podemos selecionar as capacidades objectivas adequadas em função das suas propriedades?

Com base em algumas soluções para estas quatro questões, o trabalho posterior sobre destinos de otimização para o SISR baseado em DL será abordado nos segmentos IV-B, IV-C, IV-D e IV-E, individualmente.

B. Funções de objetivo baseadas em ruídos aditivos não-Gaussianos

A qualidade perceptiva destituída das imagens SISR obtidas através da otimização do MSE ilustra diretamente uma verdade: a utilização da comoção da substância adicionada gaussiana no espaço HR não é suficientemente boa. Para resolver este problema, são propostas soluções de dois pontos de vista: utilizar outros meios de transporte para este clamor de substância adicionada ou trocar o espaço HR por alguns espaços onde o clamor gaussiano é sensível.

1) Significar comoção de substância adicional com outras disseminações de probabilidade: Em [112], Zhao et al. examinaram o contraste entre o erro supremo cruel

(MAE) e MSE utilizados para otimizar a NN no tratamento de imagens. Comparável a (8), o MAE pode ser composto como Do ponto de vista da verosimilhança, (11) pode ser traduzido como apresentando o clamor branco Laplaciano, e comparativamente a (9), a verosimilhança condicional chega a ser Comparado com o MSE em reincidência, acredita-se que o MAE é mais forte contra excepções. Conforme relatado em [112], quando o MAE é utilizado para otimizar uma NN, esta tende a ser mais rápida e a apresentar resultados superiores. Os criadores afirmaram que a razão poderia ser o facto de o MAE poder direcionar a NN para alcançar um melhor distante; um muito melhor; um mais elevado; um mais forte; um melhorado">um bairro mais forte pelo menos. A capacidade de modelação de clamores de substâncias adicionais com outras dispersões de probabilidade pode ser vista como outras capacidades de infortúnio comparáveis em medições fortes. Apesar do fato de que essas disseminações particulares regularmente não podem falar com clamor obscuro de substância adicionada excecionalmente com precisão, suas capacidades de infortúnio mensuráveis fortes de comparação são utilizadas em vários trabalhos SISR baseados em DL por sua concisão e pontos de interesse sobre MSE.

2) Utilização do MSE num espaço alterado: Por outro lado, podemos explorar um mapeamento T para converter o espaço HR para um espaço onde a comoção branca gaussiana pode ser utilizada de forma sensata. A partir deste ponto de vista, Bruna et al. [113] propôs o chamado infortúnio percetual para usar modelos profundos. Em [113], a probabilidade condicional da sobra r entre HR e LR dada a LR x é fortificada pela demonstração de vitalidade de Gibbs. Os destaques criados por modelos profundos administrados avançados parecem ser perceptualmente estáveis e discriminativos, significados por T(r)2. Nesse ponto, T fala com os designs profundos de comparação. Em diferenciar, Φ é o mapeamento entre o espaço LR e o complexo falado por T (r), preparado pela minimização da distância euclidiana removida como Para mudança de avanço, [113] além disso propôs um cálculo de ajuste fino em que Φ e T podem ser ajustados à informação.

Comparável à atualização rotativa no GAN, Φ e T são ajustados com SGD com base na corrente r. Em qualquer caso, este ajuste fino incluirá o cálculo da inclinação do trabalho da parcela Z, que pode ser uma decadência problemática bem conhecida no estágio positivo e no estágio negativo de aprendizagem. Assim, para evitar o exame de círculos internos, é escolhido um estimador unilateral deste declive para facilitar o trabalho. O cálculo da dedução em [113] é incrivelmente moroso. Para aumentar a produtividade, Johnson et al. utilizaram este infortúnio percetivo numa preparação de ponta a ponta [114]. Em [114], o arranjo SISR é especificamente otimizado com SGD, minimizando o MSE dentro do complexo de inclusão criado por VGG-16 como takes after. Em comparação com [113], [114] substitui o mapeamento não linear Φ e a indução dispendiosa por uma CNN preparada de ponta a ponta, e parece que essa mudança não influencia a qualidade da recuperação, mas acelera a preparação total. O infortúnio percetivo mitiga o obscurecimento e leva a mais visualmente agradável em comparação com a otimização direta do MSE dentro do espaço de RH. Seja como for, não existe qualquer investigação hipotética sobre a razão pela qual esta abordagem funciona. Em [113], o criador concluiu que os sistemas dirigidos frutuosos utilizados para tarefas de alto nível podem proporcionar destaques excecionalmente compactos e estáveis. Nestes espaços de realce, a pouca variedade ao nível do pixel e muitos outros dados insignificantes podem ser omitidos, fazendo com que estes mapas de inclusão se centrem basicamente em pixels de interesse humano. Ao mesmo tempo, com os modelos profundos, os dados mais particulares e discriminatórios da entrada parecem ser mantidos em espaços de inclusão devido à execução espetacular dos modelos ligados a diferentes atribuições de alto nível. Deste ponto de vista, a utilização do MSE nestes espaços de inclusão centrar-se-á mais nas partes que são atraentes para as testemunhas oculares humanas com um pequeno infortúnio de conteúdos únicos, pelo que se pode obter uma satisfação percetual.

C. Otimização do Forward KLD com estimativa não paramétrica

As estratégias de estimação paramétrica, como a MLE, devem indicar, no desenvolvimento do quadro paramétrico, a dispersão da informação, que resiste a erros de especificação. Diferentemente da estimativa paramétrica, as estratégias de estimativa não paramétrica, como a estimativa de disseminação de bits (KDE), ajustam a informação sem pressupostos de distribuição, que são vigorosos quando o quadro de distribuição genuíno é obscuro. A partir de estimativas não paramétricas, recentemente, Mechrez et al. propuseram o infortúnio relevante [115], [116] para preservar medidas de imagens comuns. O sistema de dados de dados de dados é um sistema de dados de dados que permite a realização de uma estimativa não paramétrica. O termo logarítmico primário em (19) pode ser consistente com os parâmetros do modelo. Indiquemos a parte K(zk, wj) no termo logarítmico do momento por Akj . Nesse momento, o objetivo de otimização em (19) pode ser modificado. Para começar, a correspondência mantém-se na hipótese de que e, por assim dizer, na hipótese de que Vk, k0 , P j Akj = P j Ak0 j . Quando (20) chega a 0, o limite inferior dado também chega a 0. Por conseguinte, é possível tomar este limite inferior como objetivo de otimização, por outro lado. Pronto para ajudar a otimizar o limite inferior em (21). A estimativa de probabilidade verificável (IMLE) [117] foi proposta recentemente e a sua forma condicional foi ligada ao SISR [118]. Aqui, veremos brevemente que a minimização da IMLE leva à minimização de um limite superior do KLD avançado com KDE. Vamos utilizar uma parte gaussiana que é o centro do objetivo de otimização do IMLE. O objetivo de otimização do IMLE é a minimização da parte gaussiana, que é o centro do objetivo de otimização do KLD. A satisfação exterior é obtida através da utilização do infortúnio relevante e do IMLE. No entanto, como o KDE é, em geral, excecionalmente demorado, foram ligadas algumas aproximações sensatas em conjunto com cálculos de velocidade crescente.

D. Outras distâncias entre medidas de probabilidade utilizadas em SISR

Uma vez que o KLD é um (pseudo) método desviado para medir a similitude entre duas divulgações, nesta subsecção, começamos com o quadro inverso do KLD direto, mais especificamente, o KLD direto. O KLD invertido é caracterizado. Em todo o caso, quando a disposição não existe, estes dois KLD conduzem a resultados muito diferentes. Aqui, utilizamos uma ilustração de brinquedo para demonstrar um caso básico de falta de arranjos. O transporte obscuro necessário pode ser um modelo de mistura gaussiana (GMM) com dois modos, designado por P(x), e modelamo-lo por uma única dispersão gaussiana. Estamos prontos a ver que a otimização do KLD para a frente resulta num arranjo que se encontra nas áreas intermédias dos dois modos, enquanto a otimização do KLD para trás torna o resultado próximo do modo mais inconfundível. Podemos constatar que, na ausência de disposições, a otimização do KLD para a frente conduzirá ao conhecido problema da regressão à média, enquanto a otimização do KLD para trás se concentra na metodologia mais importante. O anterior é uma das razões para o obscurecimento, e alguns analistas [119] afirmaram que o último mencionado progride a qualidade visual, mas faz com que os resultados se reduzam a alguns desenhos. Separações distintas podem dar origem a diversos resultados no âmbito de uma disposição insuficiente. Os utilizadores podem consultar [120] para obterem ajuda. Na maioria das tarefas de visão computacional de baixo nível, Pdata é um transporte de observação e Pmodel é uma dispersão recalcitrante. Por esta razão, o KLD invertido é estranho para otimizar estruturas profundas.

Otimizar (29) de forma inequívoca é, além disso, excecionalmente problemático. As redes adversárias generativas (GANs) propostas por Goodfellow et al. utilizam o trabalho objetivo por baixo para resolver esta questão numa situação de hipótese de diversão, evitando eficazmente a alarmante indução e estimativa da inclinação do trabalho parcelar. Por outro lado, as duas partes são revistas e, quando o discriminador já não pode fornecer dados valiosos ao gerador, ou seja, os rendimentos do gerador confundem completamente o discriminador, a estratégia de otimização é concluída. Para uma descrição pormenorizada dos GANs, os utilizadores podem consultar [45]. Trabalhos posteriores mostraram que modelos modernos e hiperparâmetros razoáveis podem ajudar os GANs a ter um desempenho excelente. Os trabalhos dos agentes sobre SISR baseados em GANs são [68] e [121]. Em [68], o gerador do GAN é a SRResNet mencionada anteriormente, e o discriminador alude à base de planos do DCGAN [54]. No contexto dos GANs, um trabalho posterior [121] segue um caminho comparável, mas com uma engenharia diversa. Excecionalmente, nos últimos tempos, aproveitando a expansão do sistema GAN fundamental [122], [123] foi proposto como um cálculo de SR não supervisionado. A Fig. 12 mostra os resultados do GAN e do MSE com a mesma engenharia; apesar do PSNR mais baixo devido a artefactos, a qualidade visual avança com a utilização do GAN para o SISR. De um modo geral, os GANs oferecem um determinado procedimento de otimização de uma forma antagónica de preparação, utilizando sistemas neurais profundos. Com base nisso, medidas mais equilibradas, mas complicadas, como as separações de Wasserstein [124], a divergência f [125]3 e a maior inconsistência cruel (MMD) [126] são tomadas como alternativas ao JSD para a preparação de GANs.

E. Caracteres das capacidades objectivas distintivas

Atualmente, é possível verificar que os infortúnios especificados no Segmento IV-B demonstram inequivocamente a ligação entre o LR e o seu parceiro de RH. Neste caso, seguimos a estratégia de [127] e chamamos aos infortúnios que se baseiam na medição da divergência entre os conjuntos de preparação os infortúnios orientados para a distorção. Quando as informações de preparação não são adequadas, os infortúnios de mutilação ignoram, na maior parte das vezes, a identidade das informações e revelam-se ineficazes para avaliar a proximidade entre as transmissões de origem e de destino. Os infortúnios especificados nas áreas IV-C e IV-D são estabelecidos a partir da medição da semelhança entre as transmissões, que se pensa ser o grau da qualidade perceptiva. Aqui, chamamos-lhes infortúnios orientados para a perceção. Blau et al. [127] examinaram recentemente o compromisso inato entre os dois tipos de infortúnios. Além disso, o criador também demonstrou que no caso de d(\ -) ser curvo no seu momento de contenção, nesse ponto o P(D) é monotonicamente não crescente e elevado. A partir desta propriedade, desenharemos a curva de P(D) e veremos sem esforço este trade-off, como aparece na Fig. 13(a), de tal modo que o progresso de um deve ser feito à custa do outro. Seja como for, como se mostra no Segmento IV-B, a utilização de MSE no espaço de realce VGG permite obter uma qualidade distante melhor; uma qualidade muito melhor; uma qualidade superior; uma qualidade mais forte; uma qualidade melhorada; a escolha de A e d razoáveis pode facilitar esta compensação. Para os infortúnios orientados para a perceção especificados nas áreas IV-C e IV-D, até à data, não houve um exame aprofundado dos seus contrastes. Aqui, aplicamos a avaliação da qualidade não referencial proposta por Ma et al. [95] com RMSE para efetuar comparações quantitativas, e as comparações subjectivas do agente são apresentadas na Fig. 13(b). Resumindo, devemos ter em conta que não existe um trabalho objetivo que sirva para todos, e devemos selecionar um que seja razoável para o cenário de uma aplicação.

V. TENDÊNCIAS E DESAFIOS

Para além da execução promissora que os cálculos DL realizaram no SISR, subsistem alguns desafios críticos e padrões inatos, como se pode ver a seguir.

1) Estruturas Profundas mais leves para SISR Proficiente:

Apesar do facto de a alta precisão dos modelos profundos progredidos ter sido conseguida para o SISR, continua a ser problemático enviar estes modelos para cenários do mundo real, o que se deve principalmente a parâmetros e computação maciços. Para resolver este problema, temos de planear modelos profundos ligeiros ou diluir os modelos profundos existentes para o SISR com menos parâmetros e cálculos à custa de uma corrupção de execução pequena ou nula. Subsequentemente, no futuro, prevê-se que os analistas se centrem mais na diminuição da medida das NNs para acelerar o tratamento do SISR.

2) Cálculos DL mais viáveis para SISR em grande escala e SISR com rebaixamento obscuro:

Na maior parte dos casos, os cálculos DL propostos nos últimos tempos fizeram avançar a execução de tarefas SISR convencionais por uma margem expansiva. Em todo o caso, a enorme escala do SISR e o SISR com rebaixamento obscuro, os dois maiores desafios na comunidade SR, ainda não têm curas excecionalmente convincentes. Pensa-se que os cálculos DL são talentosos para lidar com numerosas deduções ou questões não supervisionadas, o que é de importância fundamental para enfrentar estes dois desafios. Deste modo, tirando partido do extraordinário controlo da DL, prevêem-se soluções mais viáveis para estes dois problemas.

3) Compreensão hipotética de modelos profundos para o SISR:

Diz-se que a vitória da aprendizagem profunda se deve à aprendizagem de representações eficazes. Em todo o caso, até à data, ainda não conseguimos obter estas representações excecionalmente bem e as concepções profundas são tratadas como uma caixa escura. Para o SISR baseado em DL, as estruturas profundas são regularmente vistas como um palpite generalizado, e as representações aprendidas são regularmente omitidas por falta de esforço. Este comportamento não é útil para a investigação de assistência. Desta forma, não devemos centrar-nos no facto de um programa profundo funcionar, mas sim concentrarmo-nos no porquê e no como funciona. Por isso, são necessárias mais investigações hipotéticas.

4) Critérios de avaliação mais racionais para o SISR em diferentes aplicações:

Aplicações: Em numerosas aplicações, temos de planear o trabalho objetivo pretendido para uma determinada aplicação. Seja como for, na maioria dos casos, não podemos conceder uma definição explícita e exacta para avaliar o pré-requisito para a aplicação, o que leva à dubiedade dos destinos de otimização. Numerosos trabalhos, apesar do facto de, para diferentes fins, utilizarem essencialmente o MSE como base de avaliação, que tem aparecido como uma medida destituída em numerosos casos. No futuro, pensamos que é de extraordinária necessidade formar definições claras para avaliações em diferentes aplicações. Com base nestes critérios, podemos planear melhor os objectivos de otimização e comparar os cálculos no mesmo contexto de forma mais razoável.

Referência

[1] Y. LeCun, Y. Bengio, e G. Hinton, "Deep learning," nature, vol. 521, no. 7553, p. 436, 2015.

[2] A. Krizhevsky, I. Sutskever e G. E. Hinton, "Imagenet classification with deep convolutional neural networks", em Proceedings of the Advances in Neural Information Processing Systems, 2012, pp. 10971105.

[3] G. Hinton, L. Deng, D. Yu, G. E. Dahl, A.-r. Mohamed, N. Jaitly, A. Senior, V. Vanhoucke, P. Nguyen, T. N. Sainath et al., "Deep neural networks for acoustic modeling in speech recognition: The shared views of four research groups," IEEE Signal Processing Magazine, vol. 29, no. 6, pp. 82-97, 2012.

[4] R. Collobert e J. Weston, "Uma arquitetura unificada para o processamento de linguagem natural: Deep neural networks with multitask learning", em Proceedings of the International Conference on Machine Learning, 2008, pp. 160-167.

[5] C.-Y. Yang, C. Ma, e M.-H. Yang, "Single-image super-resolution: A benchmark", em Proceedings of the European Conference on Computer Vision, 2014, pp. 372-386.

[6] R. Timofte, R. Rothe e L. Van Gool, "Seven ways to improve example-based single image super resolution", em Actas da Conferência do IEEE sobre Visão por Computador e Reconhecimento de Padrões, 2016, pp. 1865-1873.

[7] D. P. Kingma e J. Ba, "Adam: A method for stochastic optimization," arXiv preprint arXiv:1412.6980, 2014.

[8] K. He, X. Zhang, S. Ren, e J. Sun, "Delving deep into rectifiers: Surpassing human-level performance on ImageNet classification", em Proceedings of the IEEE International Conference on Computer Vision, 2015, pp. 1026-1034.

[9] S. C. Park, M. K. Park, e M. G. Kang, "Super-resolution image reconstruction: a technical overview," IEEE Signal Processing Magazine, vol. 20, no. 3, pp. 21-36, 2003.

[10] R. Keys, "Cubic convolution interpolation for digital image processing," IEEE Transactions on Acoustics, Speech, and Signal Processing, vol. 29, no. 6, pp. 1153-1160, 1981.

[11] C. E. Duchon, "Lanczos filtering in one and two dimensions," Journal of Applied Meteorology, vol. 18, no. 8, pp. 1016-1022, 1979.

[12] S. Dai, M. Han, W. Xu, Y. Wu, Y. Gong, e A. K. Katsaggelos, "Softcuts: a soft edge smoothness prior for color image super-resolution," IEEE Transactions on Image Processing, vol. 18, no. 5, pp. 969-981, 2009.

[13] J. Sun, Z. Xu, e H.-Y. Shum, "Image super-resolution using gradient profile prior," in Proceedings of the IEEE Conference on Computer Vision and Pattern Recognition, 2008, pp. 1-8.

[14] Q. Yan, Y. Xu, X. Yang e T. Q. Nguyen, "Superresolução de imagem única baseada na nitidez do perfil de gradiente", IEEE Transactions on Image Processing, vol. 24, n.º 10, pp. 3187-3202, 2015.

[15]   A. Marquina e S. J. Osher, "Image super-resolution by TVregularization and Bregman iteration," Journal of Scientific Computing, vol. 37, no. 3, pp. 367-382, 2008.

[16]   W. T. Freeman, T. R. Jones, e E. C. Pasztor, "Example-based superresolution," IEEE Computer Graphics and Applications, vol. 22, no. 2, pp. 56-65, 2002.

[17]   H. Chang, D.-Y. Yeung e Y. Xiong, "Super-resolution through neighbor embedding", em Actas da Conferência do IEEE sobre Visão por Computador e Reconhecimento de Padrões, 2004, pp. 275-282.

[18]   M. Aharon, M. Elad, A. Bruckstein et al., "K-SVD: An algorithm for designing overcomplete dictionaries for sparse representation," IEEE Transactions on Signal Processing, vol. 54, no. 11, p. 4311, 2006.

[19]   J. Yang, J. Wright, T. S. Huang e Y. Ma, "Image super-resolution via sparse representation," IEEE Transactions on Image Processing, vol. 19, n.º 11, pp. 2861-2873, 2010.

[20]   R. Zeyde, M. Elad e M. Protter, "On single image scale-up using sparse-representations", em Actas da Conferência Internacional sobre Curvas e Superfícies, 2010, pp. 711-730.

[21]   R. Timofte, V. De, e L. Van Gool, "Anchored neighborhood regression for fast example-based super-resolution," in Proceedings of the IEEE international Conference on Computer Vision, 2013, pp. 19201927.

[22]   R. Timofte, V. De Smet e L. Van Gool, "A+: Adjusted anchored neighborhood regression for fast super-resolution," in Proceedings of the Asian Conference on Computer Vision, 2014, pp. 111-126.

[23]   F. Cao, M. Cai, Y. Tan e J. Zhao, "Super-resolução de imagem via regularização adaptativa 'p (0 <p <1) e representação esparsa", IEEE Transactions on Neural Networks and Learning Systems, vol. 27, no. 7, pp. 1550-1561, 2016.

[24]   J. Liu, W. Yang, X. Zhang e Z. Guo, "Retrieval compensated group structured sparsity for image super-resolution", IEEE Transactions on Multimedia, vol. 19, n.º 2, pp. 302-316, 2017.

[25]   S. Schulter, C. Leistner e H. Bischof, "Aumento de escala de imagem rápido e preciso com florestas de super-resolução", em Proceedings of the IEEE Conference on Computer Vision and Pattern Recognition, 2015, pp.
3791-3799.

[26]   K. Zhang, D. Tao, X. Gao, X. Li e J. Li, "Aprendizagem grosseira a fina para super-resolução de imagem única", IEEE Transactions on Neural Networks and Learning Systems, vol. 28, no. 5, pp. 1109-1122, 2017.

[27]   J. Yu, X. Gao, D. Tao, X. Li e K. Zhang, "Uma estrutura de aprendizagem unificada para super-resolução de imagem única", IEEE Transactions on Neural Networks and Learning systems, vol. 25, no. 4, pp. 780-792, 2014.

[28]   C. Deng, J. Xu, K. Zhang, D. Tao, X. Gao e X. Li, "Máquina de regressão de saída estruturada baseada em restrições de similaridade: Uma abordagem para a super-resolução de imagens", IEEE Transactions on Neural Networks and Learning Systems,

vol. 27, no. 12, pp. 2472-2485, 2016.

[29]   W. Yang, Y. Tian, F. Zhou, Q. Liao, H. Chen, e C. Zheng, "Consistent coding scheme for single-image super-resolution via independent dictionaries," IEEE Transactions on Multimedia, vol. 18, no. 3, pp.

313-325, 2016.

[30]   Y. Bengio, A. Courville, e P. Vincent, "Representation learning: A review and new perspectives," IEEE Transactions on Pattern Analysis and Machine Intelligence, vol. 35, no. 8, pp. 1798-1828, 2013.

[31]   H. A. Song e S.-Y. Lee, "Hierarchical representation using NMF," in Proceedings of the International Conference on Neural Information Processing, 2013, pp. 466-473.

[32]   J. Schmidhuber, "Aprendizagem profunda em redes neuronais: Uma visão geral", Neural Networks, vol. 61, pp. 85-117, 2015.

[33]   N. Rochester, J. Holland, L. Haibt, e W. Duda, "Tests on a cell assembly theory of the action of the brain, using a large digital computer," IRE Transactions on Information Theory, vol. 2, no. 3, pp. 80-93, 1956.

[34]   D. E. Rumelhart, G. E. Hinton, e R. J. Williams, "Learning representations by back-propagating errors," Nature, vol. 323, no. 6088, p. 533, 1986.

[35]   Y. LeCun, B. Boser, J. S. Denker, D. Henderson, R. E. Howard, W. Hubbard, e L. D. Jackel, "Backpropagation applied to handwritten zip code recognition," Neural Computation, vol. 1, no. 4, pp. 541-551, 1989.

[36]   J. L. Elman, "Finding structure in time", Cognitive Science, vol. 14, n.º 2, pp. 179-211, 1990.

[37]   Y. Bengio, P. Simard, e P. Frasconi, "Learning long-term dependencies with gradient descent is difficult," IEEE Transactions on Neural Networks, vol. 5, no. 2, pp. 157-166, 1994.

[38]   J. F. Kolen e S. C. Kremer, Gradient Flow in Recurrent Nets: The Difficulty of Learning LongTerm Dependencies. IEEE, 2001. [Online]. Disponível: https://ieeexplore.ieee.org/document/5264952

[39]   G. E. Hinton, "Learning multiple layers of representation," Trends in Cognitive Sciences, vol. 11, no. 10, pp. 428-434, 2007.

[40]   D. C. Ciresan, U. Meier, J. Masci, L. Maria Gambardella, e J. Schmidhuber, "Flexible, high performance convolutional neural networks for image classification," in Proceedings of the International Joint Conference on Artificial Intelligence, 2011, pp. 1237-1242.

15

[41]   D. Cires₅ An, U. Meier, J. Masci, e J. Schmidhuber, "Multi-column deep neural network for traffic sign classification," Neural Networks, vol. 32, pp. 333-338, 2012.

[42]   R. Salakhutdinov e H. Larochelle, "Efficient learning of deep Boltzmann machines," in Proceedings of the International Conference on Artificial Intelligence and Statistics, 2010, pp. 693-700.

[43]   D. P. Kingma e M. Welling, "Auto-encoding variational bayes," arXiv preprint

arXiv:1312.6114, 2013.

[44]   D. J. Rezende, S. Mohamed, e D. Wierstra, "Stochastic backpropagation and approximate inference in deep generative models," arXiv preprint arXiv:1401.4082, 2014.

[45]   I. Goodfellow, J. Pouget-Abadie, M. Mirza, B. Xu, D. Warde-Farley, S. Ozair, A. Courville e Y. Bengio, "Generative adversarial nets", em Proceedings of the Advances in Neural Information Processing Systems, 2014, pp. 2672-2680.

[46]   I. Goodfellow, Y. Bengio, A. Courville, e Y. Bengio, Deep learning. MIT press Cambridge, 2016, vol. 1.

[47]   C. Dong, C. C. Loy, K. He e X. Tang, "Learning a deep convolutional network for image super-resolution," in Proceedings of the European Conference on Computer Vision, 2014, pp. 184-199.

[48]   --, "Image super-resolution using deep convolutional networks," IEEE Transactions on Pattern Analysis and Machine Intelligence, vol. 38, no. 2, pp. 295-307, 2016.

[49]   W. Shi, J. Caballero, F. Huszar, J. Totz, A. P. Aitken, R. Bishop, ' D. Rueckert e Z. Wang, "Superresolução de imagem única e vídeo em tempo real usando uma rede neural convolucional subpixel eficiente", em Proceedings of the IEEE Conference on Computer Vision and Pattern Recognition, 2016, pp. 1874-1883.

[50]   M. D. Zeiler, G. W. Taylor, e R. Fergus, "Adaptive deconvolutional networks for mid and high level feature learning," in Proceedings of the IEEE International Conference on Computer Vision, 2011, pp. 20182025.

[51]   V. Dumoulin e F. Visin, "A guide to convolution arithmetic for deep learning", arXiv preprint arXiv:1603.07285, 2016.

[52]   M. D. Zeiler e R. Fergus, "Visualizing and understanding convolutional networks", em Actas da Conferência Europeia sobre
Computer Vision, 2014, pp. 818-833.

[53]   J. Long, E. Shelhamer, e T. Darrell, "Fully convolutional networks for semantic segmentation," in Proceedings of the IEEE Conference on Computer vision and Pattern Recognition, 2015, pp. 3431-3440.

[54]   A. Radford, L. Metz e S. Chintala, "Aprendizagem de representação não supervisionada com redes adversárias generativas convolucionais profundas", arXiv preprint arXiv:1511.06434, 2015.

[55]   W. Shi, J. Caballero, L. Theis, F. Huszar, A. Aitken, C. Ledig e Z. Wang, "Is the deconvolution layer the same as a convolutional layer?" arXiv preprint arXiv:1609.07009, 2016.

[56]   C. Dong, C. C. Loy e X. Tang, "Acelerar a rede neural convolucional de super-resolução", em Proceedings of the European Conference on Computer Vision, 2016, pp. 391-407.

[57]   N. Efrat, D. Glasner, A. Apartsin, B. Nadler e A. Levin, "Accurate blur models vs. image priors in single image super-resolution," in Proceedings of the IEEE International Conference on Computer Vision, 2013, pp. 2832-2839.

[58]   Y. Jia, E. Shelhamer, J. Donahue, S. Karayev, J. Long, R. Girshick, S. Guadarrama e T. Darrell, "Caffe: Convolutional architecture for fast feature embedding", em Proceedings of the 22nd ACM International Conference on Multimedia, 2014, pp. 675-678.

[59]   M. Abadi, P. Barham, J. Chen, Z. Chen, A. Davis, J. Dean, M. Devin, S. Ghemawat, G. Irving, M. Isard et al., "TensorFlow: Um sistema para aprendizagem automática em grande escala." in OSDI, vol. 16, 2016, pp. 265-283.

[60]   G. F. Montufar, R. Pascanu, K. Cho e Y. Bengio, "On the number of linear regions of deep neural networks", em Proceedings of the Advances in Neural Information Processing Systems, 2014, pp. 2924-2932.

[61]   J. Kim, J. Kwon Lee e K. Mu Lee, "Accurate image super-resolution using very deep convolutional networks", em Proceedings of the IEEE Conferência sobre Visão por Computador e Reconhecimento de Padrões, 2016, pp. 1646-1654.

[62]   K. Simonyan e A. Zisserman, "Very deep convolutional networks for large-scale image recognition," arXiv preprint arXiv:1409.1556, 2014.

[63]   J. Kim, J. Kwon Lee e K. Mu Lee, "Deeply-recursive convolutional network for image super-resolution", em Proceedings of the IEEE Conference on Computer Vision and Pattern Recognition, 2016, pp. 1637-1645.

[64]   K. He, X. Zhang, S. Ren e J. Sun, "Aprendizagem residual profunda para reconhecimento de imagens", em Actas da Conferência do IEEE sobre Visão por Computador e Reconhecimento de Padrões, 2016, pp. 770-778.

[65]   --, "Identity mappings in deep residual networks," in Proceedings of the European Conference on Computer Vision, 2016, pp. 630-645.

[66]   A. Veit, M. J. Wilber e S. Belongie, "Residual networks behave like ensembles of relatively shallow networks", em Proceedings of the Advances in Neural Information Processing Systems, 2016, pp. 550558.

[67]   D. Balduzzi, M. Frean, L. Leary, J. Lewis, K. W.-D. Ma, e B. McWilliams, "The shattered gradients problem: If resnets are the answer, then what is the question?" (O problema dos gradientes estilhaçados: se as redes de pesquisa são a resposta, então qual é a pergunta?) em Proceedings of the International Conference on Machine Learning, 2017, pp. 342-350.

[68]   C. Ledig, L. Theis, F. Huszar, J. Caballero, A. Cunningham, A. Acosta, ' A. Aitken, A. Tejani, J. Totz, Z. Wang et al., "Photo-realistic single image super-resolution using a generative adversarial network," in Proceedings of the IEEE conference on computer vision and pattern recognition, 2017, pp. 4681-4690.

[69]   S. Ioffe e C. Szegedy, "Batch normalization: Acelerando o treinamento de rede profunda reduzindo a mudança de covariável interna", em Proceedings of the International Conference on Machine Learning, 2015, pp. 448-456.

[70]   Y. Tai, J. Yang e X. Liu, "Super-resolução de imagens através de uma rede residual recursiva profunda", em Actas da Conferência do IEEE sobre Visão por

Computador e Reconhecimento de Padrões, 2017, pp. 3147-3155.

[71]   B. Lim, S. Son, H. Kim, S. Nah e K. Mu Lee, "Redes residuais profundas melhoradas para super-resolução de uma única imagem", em Actas da Conferência do IEEE sobre Workshops de Visão por Computador e Reconhecimento de Padrões, 2017, pp. 136-144.

[72]   C. Szegedy, S. Ioffe, V. Vanhoucke e A. A. Alemi, "Inception-v4, inception-resnet and the impact of residual connections on learning", in Proceedings of the Association for the Advancement of Artificial Intelligence, 2017, pp. 4278-4284.

[73]   G. Huang, Z. Liu, K. Q. Weinberger e L. van der Maaten, "Densely connected convolutional networks", em Actas da Conferência do IEEE sobre Visão por Computador e Reconhecimento de Padrões, 2017, pp. 47004708.

[74]   Y. Chen, J. Li, H. Xiao, X. Jin, S. Yan e J. Feng, "Dual path networks", em Proceedings of the Advances in Neural Information Processing Systems, 2017, pp. 4470-4478.

[75]   T. Tong, G. Li, X. Liu e Q. Gao, "Super-resolução de imagens utilizando ligações de saltos densas", em Actas da Conferência Internacional do IEEE sobre Visão por Computador, 2017, pp. 4809-4817.

[76]   Y. Tai, J. Yang, X. Liu e C. Xu, "MemNet: Uma rede de memória persistente para restauração de imagens", em Proceedings of the IEEE Conference on Computer Vision and Pattern Recognition, 2017, pp. 4539-4547.

[77]   S. Hochreiter e J. Schmidhuber, "Long short-term memory," Neural Computation, vol. 9, no. 8, pp. 1735-1780, 1997.

[78]   Y. Zhang, Y. Tian, Y. Kong, B. Zhong e Y. Fu, "Residual dense network for image super-resolution" (Rede residual densa para super-resolução de imagens), em Proceedings of the IEEE
Conferência sobre Visão por Computador e Reconhecimento de Padrões, 2018, pp. 2472-2481.

[79]   Z. Wang, D. Liu, J. Yang, W. Han e T. Huang, "Deep networks for image super-resolution with sparse prior," in Proceedings of the IEEE International Conference on Computer Vision, 2015, pp. 370-378.

[80]   K. Gregor e Y. LeCun, "Learning fast approximations of sparse coding," in Proceedings of the International Conference on International Conference on Machine Learning, 2010, pp. 399-406.

[81]   D. Liu, Z. Wang, B. Wen, J. Yang, W. Han e T. S. Huang, "Super-resolução robusta de uma única imagem através de redes profundas com prévia esparsa", IEEE Transactions on Image Processing, vol. 25, n.º 7, pp. 31943207, 2016.

[82]   D. Liu, Z. Wang, N. Nasrabadi e T. Huang, "Learning a mixture of deep networks for single image super-resolution," in Proceedings of the Asian Conference on Computer Vision, 2016, pp. 145-156.

[83]   W. Yang, J. Feng, J. Yang, F. Zhao, J. Liu, Z. Guo e S. Yan, "Aprendizagem residual recorrente guiada por arestas profundas para super-resolução de imagens", IEEE Transactions on Image Processing, vol. 26, n.º 12, pp. 58955907, 2017.

[84]   W.-S. Lai, J.-B. Huang, N. Ahuja, e M.-H. Yang, "Redes de pirâmide laplaciana profunda para super-resolução rápida e precisa", em Proceedings of the IEEE International Conference on Computer Vision, 2017, pp. 624-632.

[85]   R. Dahl, M. Norouzi e J. Shlens, "Super-resolução recursiva de pixels", em Actas da Conferência Internacional do IEEE sobre Visão por Computador, 2017, pp. 5439-5448.

[86]   A. Singh e N. Ahuja, "Super-resolution using sub-band selfsimilarity," in Proceedings of the Asian Conference on Computer Vision, 2014, pp. 552-568.

[87]   A. Van Den Oord, N. Kalchbrenner e K. Kavukcuoglu, "Pixel recurrent neural networks", em Actas da Conferência Internacional sobre Aprendizagem Automática, 2016, pp. 17471756.

[88]   A. van den Oord, N. Kalchbrenner, L. Espeholt, O. Vinyals, A. Graves et al., "Conditional image generation with PixelCNN decoders," in Proceedings of the Advances in Neural Information Processing Systems, 2016, pp. 4790-4798.

[89]   M. Irani e S. Peleg, "Improving resolution by image registration," CVGIP: Graphical models and image processing, vol. 53, no. 3, pp. 231-239, 1991.

[90]   M. Haris, G. Shakhnarovich e N. Ukita, "Deep backprojection networks for super-resolution" (Redes de retroprojeção profunda para super-resolução), em Proceedings of the IEEE Conference on Computer Vision and Pattern Recognition Workshops, 2018, pp. 1664-1673.

[91]   X. Wang, K. Yu, C. Dong e C. Change Loy, "Recovering realistic texture in image super-resolution by deep spatial feature transform", em Proceedings of the IEEE Conference on Computer Vision and Pattern Recognition, 2018, pp. 606-615.

[92]   K. Zhang, W. Zuo e L. Zhang, "Learning a single convolutional super-resolution network for multiple degradations," in Proceedings of the IEEE Conference on Computer Vision and Pattern Recognition, 2018, pp. 3262-3271.

[93]   R. Timofte, V. De Smet e L. Van Gool, "Super-resolução semântica: Quando e onde é útil?" Computer Vision and Image Understanding, vol. 142, pp. 1-12, 2016.

[94]   S. V. Venkatakrishnan, C. A. Bouman e B. Wohlberg, "Plug-andplay priors for model based reconstruction", em Proceedings of the IEEE Conferência Global sobre Processamento de Sinais e Informação, 2013, pp. 945-948.

[95]   T. Meinhardt, M. Moller, C. Hazirbas e D. Cremers, "Aprendendo operadores proximais: Usando redes de denoising para regularizar problemas de imagem inversa", em Proceedings of the IEEE International Conference on Computer Vision, 2017, pp. 1781-1790.

[96]   K. Zhang, W. Zuo, S. Gu e L. Zhang, "Learning deep CNN denoiser prior for image restoration", em Proceedings of the IEEE Conference on Computer Vision and Pattern Recognition, 2017, pp. 3929-3938.

[97]   T. Tirer e R. Giryes, "Restauração de imagens por denoising iterativo e projeções para trás", IEEE Transactions on Image Processing, vol. 28, no. 3, pp. 1220-1234, 2019.

[98]   D. Ulyanov, A. Vedaldi e V. Lempitsky, "Deep image prior", em Proceedings

of the IEEE Conference on Computer Vision and Pattern Recognition, 2018, pp. 9446-9454.

[99]   K. Zhang, X. Gao, D. Tao e X. Li, "Single image super-resolution with multiscale similarity learning", IEEE Transactions on Neural Networks and Learning Systems, vol. 24, n.º 10, pp. 1648-1659, 2013.

[100] A. Shocher, N. Cohen e M. Irani, "super-resolução zero-shot usando aprendizagem interna profunda", em Proceedings of the IEEE Conference on Computer Vision and Pattern Recognition, 2018, pp. 3118-3126.

[101] M. Zontak e M. Irani, "Estatísticas internas de uma única imagem natural", em Actas da Conferência do IEEE sobre Visão por Computador e Workshops de Reconhecimento de Padrões, 2011, pp. 977-984.

[102] T. Michaeli e M. Irani, "Nonparametric blind super-resolution," in Proceedings of the IEEE International Conference on Computer Vision, 2013, pp. 945-952.

[103] T. Tirer e R. Giryes, "Super-resolução baseada em denoisers CNN adaptados à imagem: Incorporando a generalização de dados de treinamento e aprendizado interno em tempo de teste ", pré-impressão arXiv arXiv: 1811.12866, 2018.

[104] Z. Wang, A. C. Bovik, H. R. Sheikh, E. P. Simoncelli et al., "Image quality assessment: from error visibility to structural similarity," IEEE Transactions on Image Processing, vol. 13, no. 4, pp. 600-612, 2004.

[105] N. Ahn, B. Kang, e K.-A. Sohn, "Super-resolução rápida, precisa e leve com rede residual em cascata", em Proceedings of the European Conference on Computer Vision, 2018, pp. 252-268.

[106] D. Martin, C. Fowlkes, D. Tal, e J. Malik, "A database of human segmented natural images and its application to evaluating segmentation algorithms and measuring ecological statistics," in Proceedings of the IEEE International Conference on Computer Vision, 2001, pp. 416-423.

[107] J. Deng, W. Dong, R. Socher, L.-J. Li, K. Li e F.-F. Li, "ImageNet: A large-scale hierarchical image database", em Proceedings of the IEEE International Conference on Computer Vision, 2009, pp. 248-255.

[108] E. Agustsson e R. Timofte, "Desafio Ntire 2017 sobre super-resolução de imagem única: Dataset and study", em Proceedings of the IEEE Conference on Computer Vision and Pattern Recognition Workshops, 2017, pp. 126-135.

[109] Z. Yang, K. Zhang, Y. Liang e J. Wang, "Superresolução de uma única imagem com uma rede neural convolucional semelhante a um parâmetro económico residual", em Proceedings of the International Conference on Multimedia Modeling, 2017, pp. 353-364.

[110] Z. Hui, X. Wang e X. Gao, "Super-resolução rápida e precisa de uma única imagem através de uma rede de destilação de informações", em Proceedings of the IEEE Conference on Computer Vision and Pattern Recognition, 2018, pp. 723-731.

[111] X. Fan, Y. Yang, C. Deng, J. Xu, e X. Gao, "Compressed multiscale feature fusion network for single image super-resolution," Signal Processing, vol. 146, pp. 50-60, 2018.

[112] H. Zhao, O. Gallo, I. Frosio e J. Kautz, "Funções de perda para redes neurais para processamento de imagens", IEEE Transactions on Computational Imaging, vol. 3, n.º 1, pp. 47-51, 2017.

[113] J. Bruna, P. Sprechmann e Y. LeCun, "Super-resolução com estatística convolucional profunda suficiente", arXiv preprint arXiv:1511.05666, 2015.

[114] J. Johnson, A. Alahi, e F.-F. Li, "Perdas perceptuais para transferência de estilo em tempo real e super-resolução", em Proceedings of the European Conference on Computer Vision, 2016, pp. 694-711.

[115] R. Mechrez, I. Talmi, F. Shama e L. Zelnik-Manor, "Aprendendo a manter estatísticas naturais de imagens", arXiv preprint arXiv:1803.04626, 2018.

[116] R. Mechrez, I. Talmi e L. Zelnik-Manor, "A perda contextual para a transformação de imagens com dados não alinhados", em Proceedings of the European Conference on Computer Vision, 2018, pp. 768-783.

[117] K. Li e J. Malik, "Estimativa implícita de máxima verosimilhança", arXiv preprint arXiv:1809.09087, 2018.

[118] K. Li, S. Peng e J. Malik, "Super-resolução via estimativa de máxima verosimilhança implícita condicional", arXiv preprint arXiv:1810.01406, 2018.

[119] F. Huszar, "Como (não) treinar o seu modelo generativo: Scheduled ' sampling, likelihood, adversary?" arXiv preprint arXiv:1511.05101, 2015.

[120] L. Theis, A. v. d. Oord, e M. Bethge, "A note on the evaluation of generative models," arXiv preprint arXiv:1511.01844, 2015.

[121] M. S. Sajjadi, B. Scholkopf e M. Hirsch, "EnhanceNet: Super-resolução de "imagem única" através de síntese de textura automatizada", em Proceedings of the IEEE International Conference on Computer Vision, 2017, pp. 4501-4510.

[122] J.-Y. Zhu, T. Park, P. Isola e A. A. Efros, "Unpaired image-to-image translation using cycle-consistent adversarial networks", em Proceedings of the IEEE international conference on computer vision, 2017, pp. 2223-2232.

[123] Y. Yuan, S. Liu, J. Zhang, Y. Zhang, C. Dong e L. Lin, "Super-resolução de imagem não supervisionada usando redes adversárias geradoras de ciclo em ciclo", na Conferência IEEE de 2018 sobre Workshops de Visão Computacional e Reconhecimento de Padrões, 2018, pp. 814-823.

[124] M. Arjovsky, S. Chintala e L. Bottou, "Wasserstein generative adversarial networks", em Proceedings of the International Conference on Machine Learning, 2017, pp. 214-223.

[125] S. Nowozin, B. Cseke e R. Tomioka, "f-GAN: Treinamento de amostradores neurais generativos usando minimização de divergência variacional", em Proceedings of the Advances in Neural Information Processing Systems, 2016, pp. 271-279.

[126] D. J. Sutherland, H.-Y. Tung, H. Strathmann, S. De, A. Ramdas, A. Smola e A. Gretton, "Modelos generativos e crítica de modelos via discrepância média máxima otimizada", pré-impressão arXiv arXiv: 1611.04488, 2016.

[127] Y. Blau e T. Michaeli, "The perception-distortion tradeoff," in Proceedings of

the IEEE Conference on Computer Vision and Pattern Recognition, 2018, pp. 6228-6237.

I **want** morebooks!

Buy your books fast and straightforward online - at one of world's fastest growing online book stores! Environmentally sound due to Print-on-Demand technologies.

Buy your books online at
www.morebooks.shop

Compre os seus livros mais rápido e diretamente na internet, em uma das livrarias on-line com o maior crescimento no mundo! Produção que protege o meio ambiente através das tecnologias de impressão sob demanda.

Compre os seus livros on-line em
www.morebooks.shop

Printed by Books on Demand GmbH, Norderstedt / Germany